원포인트업

THE

하루 10분, 삶을 바꾸는 아주 작은 변화

1% WELLNESS

EXPERIMENT

원포인트업

가브리엘 트리너Gabrielle Treanor 지음 | 박선령 옮김

미래의창

도전하려는 용기와 열망
그리고 자신에게 시도할 자격이
있음을 아는 당신에게

원포인트업이란?

원포인트업을 시작하게 된 당신을 환영한다!

이 책은 깨어 있는 시간의 단 1퍼센트만 투자해 딱 하나만 포인트를 쌓는 데 중점을 둔다. 하루 24시간 중 권장 수면 시간인 8시간을 빼면, 남은 16시간의 1퍼센트는 약 9.6분이다. 책에서는 이 시간을 편의상 10분으로 반올림했다.

이 책에는 한 달간 매일 하나씩 포인트를 쌓아볼 거리가 충분히 들어 있다. 주변 사람과의 관계를 돌아보는 것부터 하루를 시작하고 마무리하는 방식, 자신을 대하는 태도, 주변 환경을 설계하고 마음가짐을 탐구하는 것, 평온함과 통제감, 기쁨을 느끼는 방법까지 다양한 포인트들을 쌓을 수 있다. 여기에서는 인지행동치료CBT, 해결중심치료SFT, 수용전념치료ACT, 자비중심치료CFT 같은 대중적인 치료 기법과 긍정 심리학에서 가져온 기술, 전략, 도구를 탐구한다.

일상생활과 삶의 질에 영향을 미치는 여러 영역을 살피면서 경계 설정, 자신과 남과의 비교, 자기 관리, 사고방식, 수면, 습관, 자기 돌봄 등 다양한 주제를 다루는 동시에 독자들이 직접 실천해보도록 설계돼 있어서 하루 단 10분만 투자해도 삶에 변화를 경험할 수 있다.

이런 아이디어나 과제를 '포인트'라고 하며, 각 포인트들을 그냥 읽기만 하고 끝내는 것이 아니라 실제로 시도해보는 것이 중요하다.

각 포인트는 삶의 문제를 완벽하게 해결해야 한다는 부담은 내려놓고 일단 해보면서 자신과 얼마나 잘 맞는지 확인하는 게 중요하다. 솔직히 말해서, 삶의 모든 문제를 해결해줄 완벽한 해법 같은 건 없기 때문이다. 그러니 인생의 어떤 것이든 완벽하게 만들어줄 수 있다고 말하는 사람은 반드시 조심해야 한다!

나는 이 책에 소개된 포인트를 전부 직접 여러 번 실천해봤다. 그중 일부는 특히나 마음에 들어서 지금은 내 일상의 일부가 됐고 어떤 건 하고 싶거나 필요할 때마다 사용한다. 모두 내게 도움이 됐기에 당신과도 나누고 싶다. 전부 좋아하리라고 기대하진 않지만 하나하나 시도해보면서 진짜 '나에게' 도움이 되는 포인트를 찾아가기를 바란다.

이 책을 거의 다 읽을 즈음이면, 당신은 자신만의 맞춤형 성장 키트를 갖게 되고 다음과 같은 경험을 하게 될 것이다.

- 자신이 원하거나 필요로 하는 것을 명확하게 파악하고, 그걸로 다른 사람들과 더 잘 소통한다.
- 내면의 힘과 지혜, 자신감을 발견한다.
- 스스로에게 더 친절해지고 정신적·정서적 건강을 잘 돌본다.

- 현재에 더 집중하면서 더 평온하고 행복한 상태가 된다.

이 키트를 자신의 필요에 따라, 가끔 활용해도 좋고 꾸준히 정기적으로 이용해도 된다. 이 책이 안내하는 길을 걷다 보면, 독특하고 불완전하면서도 찬란한 존재로서 자신에게 가장 잘 맞는 것이 무엇인지 찾아갈 수 있을 것이다.

작은 변화가 누적되어 만드는 큰 결과

하루 1퍼센트에 불과한 단 10분만 투자하면 된다. 어떻게 그 짧은 시간 동안 변화를 이룰 수 있을까? 잠시 '미세한 개선marginal gains'이라는 개념을 생각해보자.

2003년, 부진에 빠져 있던 영국 사이클링 팀에 새로 감독으로 부임한 데이브 브레일스포드Dave Brailsford는 경기력을 끌어올리라는 임무를 맡았다.[1] 이 팀은 1920년 이래로 올림픽 금메달을 단 한 개만 획득했으며(1992년 크리스 보드먼[2]), 110년 동안 세계 최고 권위의 사이클 대회인 뚜르 드 프랑스Tour de France에서 단 한 번도 우승하지 못했다.[3]

브레일스포드는 '미세한 개선'을 전략으로 사용했다. 영국 사이클링 팀의 모든 요소를 살펴보고 각 부분을 1퍼센트씩 개선하는 걸 목표로 정했다.[4] 이렇게 1퍼센트의 작은 변화가 쌓이면 상당한 발전을 이뤄낼 것이라고 생각했다.

자전거, 의류, 장비를 최대한 공기역학적으로 만드는 것 같이 누구나 예상할 수 있는 기술적 개선들이 있었다. 하지만 겉보기에 아주 사소해보이는 개선들도 있었다. 예를 들면 세균 확산을 줄이기 위해 손을 더 꼼꼼히 씻는다든지, 숙면에 좋은 베개와 매트리스를 찾아 대회에도 직접 가져가 사용하는 식이었다.[5]

이런 개선들과 그 외의 여러 가지 작은 변화들이 모여 큰 결과를 만들어냈다. 브레일스포드가 영입된 지 5년 만에 영국 사이클링 팀은 2008년 베이징 올림픽에서 도로 및 트랙 사이클링 종목의 획득 가능한 금메달을 절반 이상 휩쓸었다.[6] 이어 2012년에는 브래들리 위긴스가 영국 선수 최초로 뚜르 드 프랑스에서 우승했다.[7] 같은 해 열린 런던 올림픽에서도 영국 사이클링 팀은 베이징 올림픽 때 못지않게 많은 금메달을 획득하는 성과를 거뒀으며, 패럴림픽에서는 도로 및 트랙 사이클링 종목에서 무려 17개의 금메달을 획득했다.[1]

1퍼센트의 개선이 더해지고 또 더해져서 나온 최고의 성과였다. 브레일스포드와 그의 팀은 거창한 혁신을 노리지 않았다. 대신 미세한 개선을 목표로 삼았고, 그렇게 조금씩 더해진 작은 개선들이 결국 커다란 차이를 만들어냈다.

이게 바로 우리가 하루의 1퍼센트인 10분을 투자해서 할 일이다. 브레일스포드의 말처럼, "완벽을 잊고, 발전에 집중하며 개선을 차곡차곡 쌓아가라."[5]

이 책이 당신의 삶을 어떻게 바꿀 것인가?

삶을 바꾼다니, 꽤나 거창하게 들린다. 그러나 분명히 해둘 것이 있다. 이 책이 당신의 삶을 반짝반짝 빛나게 하고, 완벽하게 만들며, 모든 일이 술술 풀리게 해줄 거라고는 약속하지 않겠다. 아쉽지만 그런 책은 세상에 없다. 그 누구도, 그 무엇도 그런 약속은 할 수 없다. 누구의 삶도 늘 눈부시게 반짝이고, 완벽하며, 순탄하기만 할 수는 없기 때문이다. 애초에 삶이란 그런 게 아니다.

삶을 오로지 당신 혼자만의 힘으로 바꾸라는 말도 아니다. 많은 이들, 특히 소외된 공동체 구성원들이 살면서 겪는 어려움은 사회 구조 때문인 경우가 많다. 따라서 이런 구조를 바꾸기 위한 노력은 우리가 사는 세상을 더 공정하고 평등하게 만드는 데 있어 매우 중요하다.

하지만 그와 동시에 우리는 일상 속에서 스스로 긍정적인 변화를 만들어낼 수 있는, 작지만 강력한 행동들을 매일 실천할 수도 있다.

그렇다면 이 책이 당신 삶을 바꿀 수 있을까? 충분히 가능하다.

이 책을 쓴 이유

지금의 나는 '회복 중인 완벽주의자'라고 말할 수 있지만, 내 인생의 많은 시간을 완벽주의에 사로잡혀 보냈다. 나에게 완벽주의란 모든 일을 완벽하게 해내고 싶다는 마음이라기보다는, 그저 잘못하고 싶지 않다는 바람에 더 가까웠다. 새로운 일을 시작할 때 누구나 당연히 서툴 수밖에 없지만, 나는 서툴러 보이는 게 싫었다. 다른 사람들 앞에서 실수할까 두려웠고, 능숙하지 못한 모습을 드러내는 게 불안했다. 그래서 처음부터 잘하지 못하거나, 남들 눈에 바보처럼 보일 거라는 생각 혹은 인간이라면 당연히 겪을 수밖에 없는 어려움 앞에서도 심한 자기비판에 빠지곤 했다(이를 '자기지향적 완벽주의'[1]라고 부른다).

우리는 흔히 완벽주의를 일종의 안전장치로 여긴다. 성공할 거라 확신하는 일 또는 최소한 쓸모는 있을 거라 확신하는 일만 한다면 실패나 비판, 평가, 비웃음을 겪는 불편함을 피할 수 있다. 상황에 따라선 개인의 안전에 대한 실질적인 위협도 피할 수 있다. 어릴 적부터 우리는 가족, 학교, 친구, 미디어를 통해 '무언가를 잘못하면 감정적으로 안전하지 않다'는 메시지를 배운다. 그래서 신체적으로 위험하지 않은 상황에서도 사람들의 기대에 어떻게든 부응해야 한다고 믿게 되는 것이다(이를 '사회부과적 완벽주의'[8]라고 부른다).

완벽주의적 성향이 있으면 일이 얼마나 잘 될지 확신할 수 없기 때문에 새로운 시도를 망설이게 된다. 마음에 들지 않을 것 같거나, 애써 고생만 하다가 실패할 것 같으면 아예 시작조차 하지 않는다. 그래서 미루는 습관도 종종 완벽주의에서 비롯된다.

큰맘 먹고 용기 내 도전할 때조차도 '잘해야 한다'는 압박감이 너무 커서 새로운 경험에서 오는 즐거움을 전혀 느끼지 못한다. 그리고 어떤 방식으로든 '성공'하지 못하면 우리는 그걸 곧바로 개인적인 실패로 받아들이며, '차라리 시도하지 말걸' 하고 후회한다.

새로운 일을 잘해내지 못할까 봐, 실패하거나 잘못할까 봐 두려워하는 마음 때문에 오랫동안 발이 묶여 있었다. 그러다가 나는 다른 방식을 택했다.

새로운 접근 방식

새로운 경험을 힘든 도전이 아니라 조금씩 쌓아가는 포인트처럼 생각하면 어떨까? 결과에 대한 특별한 기대 없이 뭘 하든 "그냥 한번 해보는 것뿐이야"라고 스스로에게 말한다면 어떨까? 그러면 성공이나 실패도 없고, 달성해야 할 목표도 없으니, 잘못될까 봐 걱정하지 않아도 된다.

이런 관점으로 새로운 경험에 나서면 마음이 한결 가벼워진다. 처음부터 완벽하게 해내야 한다는 생각을 내려놓으면 뭐든지 시도하고 배울 수 있다. 그냥 한번 해보는 것일 뿐이니 망칠까 봐 두려워하지 않아도 된다!

이 방식은 마치 자물쇠에 열쇠를 넣고 돌리는 느낌이었다. 더 이상 성공이나 실패를 따질 필요 없이 가능성을 탐색하며, 그냥 시도해보고 어떻게 흘러가는지만 확인하면 됐다. 덕분에 이전에는 내가 할 수 있을 거라 생각조차 못했던 일들도 해볼 수 있었다. 직접 해보면서 어떤 부분에 도움이 필요하고, 무엇을 개선해야 할지 확인한 다음, 계속해서 개선해나갈지 아니면 이건 접어두고 다른 것으로 넘어갈지 결정할 수 있었다.

이 책은 아이디어를 테스트하거나 시도해볼 만한 다양한 '포인트'들로 가득하다. 그 포인트들을 삶 속에 완전히 받아들이고 통합한다면 진정한 변화를 일으키는 힘을 얻을 것이다. 삶의 변화를 확인하려고 모든 포인트를 다 해볼 필요도 없다. 그중 단 하나라도 자신에게 맞다면 놀라운 변화를 경험할 수 있다.

물론 내 머릿속에서는 여전히 완벽주의자의 작은 목소리가 떠든다. 남들에게 바보처럼 보일까 봐, 실수할까 봐 예전의 두려운 생각을 불러오기도 한다. 하지만 이제는 그 작은 목소리에게 이렇게 안심시킨다. "괜찮아, 그냥 한번 해볼 뿐이야." 이 방법을 수년간 내게 코칭을 받으러온 내담자들에게 알려줬더니, 그들 역시 스스로에게 시도할 기회를 허락함으로써 미루는 습관을 멈추고, 두려움을 넘어 진정으로 하고 싶은 일이나 이점을 많이 누리는 일을 하는 등 강력한 변화를 경험했다.

한 걸음부터 시도하기

단 10분만 투자하면, 작지만 강력한 한 걸음을 내딛게 된다. 이로써 자신의 삶을 개선할 수 있다. 단 10분만으로 당신의 세상이 송두리째 뒤바뀔까? 아니, 그렇지는 않다. 다만 이 작은 한 걸음이 당신의 일상생활에 긍정적인 변화를 불러올 것은 확실하다.

또 이 포인트들은 일회성에 그치지 않는다. 즐겁고, 유용하고, 유익하고, 변화를 가져온다고 생각되면 자연스럽게 여러 번 반복하게 될 것이다. 그렇게 계속해서 실천하다 보면 하루 10분짜리 활동이 매일 차곡차곡 쌓이고 그렇게 쌓여서 모인 미세한 개선이 크고 긍정적인 변화를 불러온다.

각 포인트의 마지막 장에는 그날의 핵심을 상기시켜주는 한 문장 요약이 나온다. 원한다면 '오늘의 운세'처럼 하루 동안 마음속에 간직하고 되새겨도 좋다.

억지 긍정

이 책은 당신이 삶의 질을 높이고 즐겁게 살도록 돕지만 그렇다고 해서 항상 지나치게 긍정적이어야 한다는 뜻은 절대 아니다. '억지로 미소를 짓고, 항상 밝은 면만 보고, 좋은 기분만 느끼고, 늘 긍정적으로만 생각하면서……'

이런 식으로 '부정적' 감정을 허용하지 않는 것이 바로 억지 긍정이다.

지나친 긍정은 오히려 해롭다. 삶의 경험 중 일부인 고난, 어려움, 고통, 상실 같은 현실을 부정하기 때문이다. 사실 감정은 본래 긍정적이거나 부정적인 게 아니라 그저 감정일 뿐이다. 감정의 목적은 우리에게 메시지를 전하는 것이다. 그래서 감정을 억누르거나 좋은 감정과 나쁜 감정으로 나누거나 느껴야 할 감정과 느끼지 말아야 할 감정을 정해두는 건 전혀 도움이 되지 않는다. 중요한 건 감정을 있는 그대로 받아들이고 그것을 잘 다루는 일이다.

예를 들어, 이 책에서의 '좋은 순간을 온전히 인식하는 것'('11 감사 일기 쓰기' 참조)은 좋지 않은 일들을 부정하거나 불편한 감정을 밀어내라는 게 아니다. 다만 10분 동안만이라도 에너지 일부를 자기 삶의 좋은 부분에 쏟아보라는 제안이다.

이 책을 읽어가는 동안, 떠오르는 모든 감정은 좋든 나쁘든 환영받고 허용된다는 걸 기억하자.

일상에서의 포인트

아마도 원하는 결과를 얻을 수 있도록 따라야 할 단계나 할 일 목록을 내가 그냥 알려주는 게 훨씬 쉬울 거라고 생각할 수도 있다. 음, 그럴 가능성도 있다. 하지만 그중 몇 가지가 당신에게 잘 맞지 않거나 불편하게 느껴진다면 어떻게 될까? 어떤 단계가 지시된 그대로는 당신의 일상에 잘 들어맞지 않는다면 어떨까? 내가 따라가야 할 지도를 건네줬는데 당신이 엉뚱한 길로 들어서거나 아예 그 길로 가지 못하는 상황이 발생한다면 그게 곧 실패를 의미하는 걸까?

따라서 이 책에는 딱 정해진 방식에 얽매이지 않고 독자들이 직접 탐색할 여지를 남겼다. 물론 해보기 전에는 무엇이 효과 있을지 모르니 가능한 모든 포인트를 시도해보기를 권장하지만, 당신이 무엇을 먼저 할지는 스스로 자유롭게 결정할 수 있다. 당신에게 맞는 것이 무엇인지 느끼고 당신의 일상에 알맞게 활동 방법을 개선해도 된다. 그러니 직감을 따라가자.

나다운 모습 찾기

당신은 다른 모든 인간이 그렇듯이 고유한 존재이며, 삶에는 당신만의 과제와 책임 그리고 꿈이 저마다의 방식으로 어우러져 있다. '누구에게나 어울리는' 삶의 방식 같은 건 없다. 그러니 삶의 질을 높이는 방식 역시 모든 사람에게 똑같이 적용될 수는 없다.

회복탄력성, 평온함, 기쁨을 높이고 삶을 더 나은 방향으로 바꿀 수 있는 방법은 정말 많다. 그중 상당수는 수천 년 동안 이어져왔거나 존경받는 임상의와 과학자들이 철저히 연구해온 것들이다. 하지만 어떤 방법이나 관행이 누군가에게 효과가 있다고 해서 반드시 당신에게도 똑같이 효과가 있는 건 아니다.

어떤 기술이나 전략이 유익하다고 검증되었고 "그러니 당신에게도 분명 도움이 될 거다"라는 말을 들었는데 막상 해보니 효과가 없었다면? 그럼 실패한 걸까? 이제는 회복할 가망조차 없다는 의미일까?

물론 그렇지 않다. 그건 단지 그 특정한 행동이, 그 방식 그대로는 당신에게 적합하지 않았다는 뜻일 뿐이다. 그리고 당신에게 훨씬 더 효과적일 수 있는 다른 아이디어들이 여전히 많이 있다.

선택하고 시도하기

이 책에 나온 어떤 포인트를 시도해봤는데 약간 불편하거나 어색하게 느껴지거나 원하는 결과가 바로 나타나지 않는다고 해서 곧장 "이건 나랑 안 맞아"라고 단정 짓고 포기하라는 얘기가 아니다. 이건 책임 회피를 위한 구실이 아니다! 어떤 활동은 처음에는 낯설어서 불편하거나 이상하게 느껴질 수 있고 원하는 결과가 바로 나오지 않을 수도 있다.

하지만 결국 선택은 당신의 몫이다. 당신은 성인이고, "머릿속에는 뇌가 있고 신발 속에는 발이 있다. 그러니 원하는 어떤 방향으로든 자신을 이끌 수 있다"라는 닥터 수스^{Dr. Seuss}의 말을 기억하자.[9]

말이 중요하다

몇몇 포인트에서는 특정한 단어나 문구를 사용하는데, 이는 집중력을 기를 수 있는 아주 좋은 방법이다. 사실 당신도 모르는 사이에 이미 어떤 주문과 확언을 반복해서 되뇌고 있다. 반드시 도움이 되지는 않겠지만 말이다. 예를 들어 "서둘러!"나 "이 멍청아!" 같은 말을 조용히 중얼거리거나 속으로 반복할 수도 있다.

어떤 말을 반복하면 할수록 영향을 받을 수밖에 없다. 왜냐하면 자기 자신에게 계속 그 메시지를 전달하기 때문이다. 그 영향을 자신을 비판하거나 질책할 때 사용하면 당연히 도움이 되지 않는다. 그래서 나는 이 책에서뿐만 아니라 당신의 삶 전반에서 당신이 어떤 감정을 느끼고 싶은지, 어떤 사람이 되고 싶은지 그리고 무엇을 하고 싶은지를 뒷받침해주는 단어나 문구를 의도적으로 선택하기를 권하고 싶다.

당신은 이 책을 집어들고 읽기 시작하기로 선택했다. 하지만 이 책의 내용을 실제로 삶에 적용해볼지 아니면 지금 그대로의 삶을 계속 이어갈지는 전적으로 당신의 선택이다. 이 책에서 권유하는 활동 방법을 그대로 유지할지, 그 방법을 조금 개선해서 다시 시도할지, 아니면 다른 포인트로 넘어갈지도 스스로 결정해야 한다. 책을 끝까지 읽지 않기로 할 수도 있고, 읽기만 하고 행동으로 옮기지 않을 수도 있다. 그것 또한 당신의 선택이지만, 그럴 경우 아무것도 바뀌지 않으리라는 점을 인정하자.

닥터 수스의 시에는 "당신은 혼자다"라는 구절이 있지만, 여기서는 그렇지 않다. 이 책이 당신의 가이드가 되어줄 것이다. 이 책은 하루에 단 10분만 투자해도 삶을 더 나은 방향으로 변화시킬 수 있는 방법을 제안하고, 영감을 주고, 동기를 부여하고, 격려하고, 응원한다.

삶의 방식을 조금씩 바꾸거나, 새로운 활동과 습관을 시작하거나, 기존과 다른 방식으로 무언가를 해보려 할 때는 많은 것을 잃을 수 있다는 생각에 두렵거나 위험하다고 느껴질 수 있다. 특히 완벽주의자라면 모든 걸 완벽히 해내면서 삶을 개선하고 싶을 것이다. 일을 망치거나 실수를 저지르거나 하루라도 빠뜨리는 것은 원하지 않는다. 왜냐하면 그것이 곧 자기 삶을 개선하는 데 실패했다는 뜻처럼 느껴지기 때문이다.

이런 생각만으로도 자신에게 엄청난 압박감을 준다!

압박감 줄이기

무언가를 시도해본다는 접근 방식이 중요한 이유는 압박감을 줄여주기 때문이다. 이 책의 제목이기도 한 '원포인트업'에서는 일단 시도해보되, 어떤 결과가 나오든 열린 마음으로 받아들이는 태도가 중요하다. 특정한 결과를 기대하지 않기 때문에 원하는 결과가 나오지 않았다고 해서 잘못했다는 뜻은 아니다.

이 책의 안내에 따라 하나의 포인트를 선택하고, 직접 시도해본 뒤, 그 경험과 느낀 점에 관한 정보를 기록하고, 그다음에 뭘 할지 스스로 결정해보자. 이미 해봤던 포인트를 그대로 반복하거나, 방법을 (조금 혹은 많이) 바꿔서 다시 해보거나, 아니면 그냥 다른 포인트로 넘어가도 괜찮다.

내가 제안하는 방식들이 그동안 긍정적인 결과들을 보여온 것은 맞지만, 그대로 따를 필요는 없다. 원한다면 방법을 바꿔서 다르게 시도할 수 있다. 이건 어디까지나 '나만의' 포인트이기 때문이다. 책에 나온 방법을 그대로 따라도 되고 자유롭게 바꿔도 된다. 당신은 성인이고 스스로 결정할 수 있다!

나는 정보와 영감 그리고 근거를 제공하지만 그걸 어떻게 사용할지는 전적으로 당신에게 달려 있다. 성공하려면 반드시 따라야만 하는 정해진 계획 같은 것은 없다. 이건 당신의 삶이고 주도권은 언제나 당신이 쥐고 있다.

습관 형성하기

각 포인트를 진행하다 보면, 자신도 모르게 의식적으로 행동하게 되고 습관을 만들게 된다. 매일 조금씩 시도하다 보면 정신적·정서적·신체적 건강에 많은 도움이 된다고 느껴져 꾸준히, 어쩌면 매일 반복하고 싶은 포인트가 생길 것이다.

신경계가 조절된다

스트레스를 받으면 교감 신경계가 활성화돼 몸은 투쟁-도피 반응으로 전환된다. 이 반응은 업무 마감일, 배우자와의 다툼, 갑자기 끼어드는 자동차 때문에 깜짝 놀라는 것 등 온갖 상황에서 활성화될 수 있다.

투쟁-도피 반응에 돌입하면 심박수가 증가하고, 근육이 긴장되며, 호흡이 얕고 가빠진다. 이때 우리는 신중하게 생각하기보다는 본능적으로 행동하게 되며, 아드레날린이나 코르티솔 같은 호르몬이 분비돼 스트레스 상태가 유지된다.

문제는 이런 반응이 반복되면 즉, 스트레스를 많이 받고 교감 신경계가 자주 활성화되면, 신체가 쉽게 소모되어 시간이 지나면서 큰 손상을 입게 된다.

반대로 '휴식과 소화'를 담당한다고 알려진 부교감 신경계는 좋아하는 사람과 함께 있거나 즐거운 일을 할 때처럼 긴장이 풀리고 편안함과 안전함을 느낄 때 활성화된다. 이런 상태에서는 호흡과 맥박이 느려지고 몸도 훨씬 더 편안해진다.

우리 몸이 건강하게 기능하려면 '투쟁 혹은 도피'와 '휴식과 소화'라는 두 가지 상태를 균형 있게 오가야 한다. 하지만 스트레스가 심한 생활을 하는 현대인들은 건강에 바람직한 상태보다 오히려 건강에 좋지 않은 투쟁-도피 반응으로 보내는 시간이 훨씬 길다.

그러나 하루 중 1퍼센트의 시간만 투자하는 것으로도 스트레스 수준이 낮아지고 마음이 진정돼 교감 신경계가 활성화된 상태에서 보내는 시간을 줄일 수 있다.

습관은 한 번에 한 걸음씩, 하루에 하나씩 점진적으로 형성된다('31 습관 만들기'에서 자세히 다룬다). 핵심은 꾸준하고 지속적인 반복이다. 그리고 이 포인트들을 실제로 실천해보고 작은 습관들을 하나씩 쌓아가다 보면, 결국에는 '나 자신을 더 잘 돌보는' 습관까지 자연스럽게 길러진다.

자기 신뢰 높이기

이 책의 내용을 시도하기로 했다면 이미 그것만으로도 하나의 선택을 경험했다고 볼 수 있다. 그리고 삶을 더 나은 방향으로 변화시키는 데 하루의 1퍼센트를 사용하기로 결정함으로써 스스로에 대한 신뢰도 쌓아갈 수 있다. 자신이 노력할 가치가 있는 사람임을 스스로에게 알려주고, 자신을 위한 진정한 모습을 드러내는 단계에 들어간 것이다.

어떤 포인트를 실행해본 다음 그걸 계속하지 않겠다고 결정하는 동안에도 자기 신뢰는 여전히 쌓이고 있다. 그런 결정 자체가 자신에게 무엇이 맞는지 알고 있다는 믿음을 주기 때문이다.

그렇게 자기 신뢰가 커지면 도전과 좌절을 극복할 수 있다는 강한 믿음이 생긴다. 또 자신에게 보다 친절해지고 자기 연민을 갖게 되며 자신의 결정과 행동을 명확하게 이해하면서 자신감을 얻는다.

하루에 하나씩 원포인트업을 진행해나가면서 당신은 자신에 대해 많은 걸 배우고 스스로를 더 깊이 이해하게 될 것이다. 다양한 능력을 요구하는 여러 활동은 새로운 시도가 되며, 자신이 어떤 방식으로 생각하고 행동하는지 돌아보게 만든다. 또 사회적 조건을 비롯한 외부 요인이 생각보다 더 큰 영향을 미쳐왔다는 사실도 알게 될 것이다.

요즘은 삶의 질을 높이기 위해 필요한 것들에 대한 정보가 너무 많이 쏟아지므로 무엇을, 언제, 얼마나 해야 할지 헷갈릴 때가 있다. 이 책은 저널링, 명상, 마음챙김 같은 다양한 방법들로 '나만의 길'을 탐색하면서 무엇이 진짜 자신에게 효과적인지 찾아가도록 도와준다.

다양한 시도를 해보면서 '나에게 맞는' 포인트를 찾아내고 개선하며 다시 도전하는 과정에서 '나만의' 맞춤형 성장 키트를 만들게 될 것이다. 여기서 시도한 방법 가운데 일부는 평생 당신과 함께 할 것이고 일부는 특정 시기에만 쓰이다 끝날 수도 있다. 하지만 시도하는 것만으로도 그 과정에서 교훈을 얻을 수 있다.

포인트를 쌓아가는 법

이 책에는 31가지의 포인트가 소개돼 있으므로 지금부터 하루에 하나씩 진행한다면 한 달이 걸린다. 각 포인트를 어떻게 진행할지는 전적으로 자신에게 달려 있으며 다양한 옵션이 있다. 자신에게 좀 더 알맞게 각 포인트를 개선해보고, 자신만의 것으로 만들어보자.

시작 시기

다음 달의 첫날부터 시작하거나 바로 오늘 시작할 수도 있다.

개인적으로 나는 "만반의 준비가 갖춰지거나 인생이 안정되거나 달이 특정한 별자리에 들어올 때 시작하자"는 쪽보다 "지금 당장 시작하자"는 쪽을 선호한다. 어영부영하다 보면 일을 미루기 십상이기 때문이다. 지금 당장 뭔가를 이루고 싶고, 지금 당장 변화를 원하고, 지금 당장 삶이 좋아지기를 바란다면 미룰 이유가 어디 있는가? 인생이 잠잠해지기를 기다린다면 꽤 오래 기다리게 될지도 모른다. 살다 보면 늘 예기치 못한 일이 생기기 때문이다.

그리고 하루의 1퍼센트, 그러니까 깨어 있는 시간 중에서 단 10분만 쓰면 된다는 걸 기억하자. 필요한 시간은 그게 전부니까 일부러 일정을 비우거나 특별히 준비할 필요도 없다.

매일 10분을 꾸준히 확보해 최상의 조건으로 각 포인트를 진행하려면 방해가 될 법한 요소들을 미리 생각해두는 게 좋다. 10분은 매우 짧은 시간이지만, 아침에 눈뜨는 순간부터 정신없이 하루가 훌쩍 지나가고 밤늦은 시간에 기진맥진한 채로 침대에 누워서야 '오늘도 아무것도 하지 못 했구나' 하고 떠올릴 수도 있다. 그러면 그날의 1퍼센트는 또 뒷전으로 밀려난다. 그러니 각 포인트를 어떻게 진행할지 생각해보자.

- 일단 책을 끝까지 읽고 내용을 충분히 익힌 다음에 포인트를 시작하고 싶은가?
- 매일 일어나자마자 그날의 포인트를 확인하고, 하루 중에

10분을 내어 포인트를 진행하고 싶은가?

- 다음 날 진행할 포인트를 전날 밤에 골라서 내용을 미리 읽어둘 생각인가?
- 매일 각 포인트를 진행할 시간을 따로 정해두고 싶은가?

포인트 선택

시작 시기를 정했다면, 책에 실린 순서대로 차례차례 해도 되고, 매일 무작위로 하나를 골라 해도 된다. 정해진 방법은 없다. 순서대로 하는 게 더 편할 수도 있지만 이것저것 마음 가는 대로 해도 상관없다. 서문 마지막 '기록 일지'에는 어떤 포인트를 시도해봤는지, 또 어땠는지를 기록할 수 있도록 체크리스트가 실려 있다.

앞서도 말했고 앞으로도 계속 말할 생각이지만, 포인트를 진행하는 데 있어 옳고 그른 방법 같은 건 없다. 그저 당신이 이걸 실제로 해본다는 것이 중요할 뿐이다. 호기심을 품고 포인트가 어디로 흘러가는지 열린 마음으로 지켜보되, 반드시 어떤 일이 일어나야 한다거나 특정한 방식으로 진행돼야 한다는 기대는 내려놓자.

기록

'기록'은 어떤 포인트를 진행하든 중요한 부분이다. 무슨 일이 일어났는지, 어떤 기분이 들었는지, 결과는 어땠는지 기록해두면 과정이 어떻게 진행됐는지 확인하고 평가할 수 있다. 결과물이 성공적이냐, 아니냐를 딱 잘라 구분할 필요 없다. 진행하는 과정에서 기분이 어땠는지, 어떤 변화가 생겼는지, 그 경험에서 무엇을 배울 수 있는지 살펴보자.

다음은 각 포인트를 마친 뒤, 그 경험을 되돌아보는 데 도움이 되는 질문들이다.

- 포인트를 진행하기 전과 후의 기분은 각각 어떤가?
- 효과가 있던 건 무엇이고 그렇지 않은 건 무엇인가?
- 즐거웠던 점과 그렇지 않은 점은 무엇인가?
- 어렵게 느껴졌던 부분은 무엇이었고 어떻게 하면 더 쉽게 할 수 있겠는가?
- 활동 방식을 어떻게 개선해야 효과가 더 커지겠는가?
- 이 포인트를 진행하면서 스스로에 대해 알게 된 것은 무엇인가?
- 어떤 긍정적인 변화가 있었는가?
- 이 활동을 앞으로도 계속할 생각이 있는가?

각 포인트를 마친 뒤, 이 질문에 대한 답이나 전반적인 포인트 진행 결과를 메모해두면 나중에 다시 확인할 수 있다. 또는 각 포인트가 어떻게 진행됐는지에 따라 다음과 같은 생각을 할 수 있다.

- 이번 결과가 마음에 들어 다음에도 같은 포인트를 반복해 보고 싶다.
- 어렵고 좀 낯설었지만 그래도 다시 해보고 싶다.
- 일부 활동 요소를 개선해서 어떤 차이가 생기는지 알아보고 싶다.
- 다시는 시도하고 싶지 않다.

앞서 말했듯이, 포인트 중 일부는 낯설거나 오랫동안 해오던 방식이 아니라서 어렵게 느껴질 수 있다. 그러나 포인트를 포기하기 전에 잠시 시간을 내서 그것을 포기하고 싶은 마음 이면에 무엇이 있을지 잠시 되돌아보자. 그래도 여전히 얻을 게 없다고 생각되면 포기해도 된다.

기록이 필요한 이유는 그것을 어딘가에는 보관해야 하기 때문이다. 덕분에 새 문구류를 구입하거나 새 공책을 쓰기 시작할 좋은 핑곗거리가 생긴다. 물론 휴대폰 노트 앱에 적어도 되고, 음성 메시지를 녹음하거나 영상 일기를 촬영할 수도 있다. '나에게 맞는' 방법을 선택하자.

각 포인트에서의 경험을 대략이라도 메모해두면, 나중에도 다시 참고할 수 있다. 메모를 보면서 어떤 활동을 또 해보고 싶은지, 무엇이 효과적인지 그리고 자신에게 맞게 개선하거나 수정한 내용을 확인할 수 있다. 이런 메모가 매일 조금씩 쌓이면 시간이 흐른 이후에도 계속 '나를 지지해줄' 강력한 도구를 모아놓은 '나만의' 맞춤형 성장 키트를 만들어가게 될 것이다.

하루 빠뜨렸을 때

한 달 동안 매일 포인트를 하나씩 진행하겠다고 결심했더라도, 어떤 날은 빠뜨릴 수 있다. 일이 너무 바빴거나, 가족이 아팠거나, 차가 고장 났거나, 예기치 못한 일이 생겼거나, 단순히 깜빡했을 수도 있다.

　그래도 상관없다! 하루쯤 포인트를 빠뜨린다고 해서 아무 문제가 생기지 않고, 사실 그렇게 중요한 일도 아니다. 정말 중요한 건 '그다음에 어떻게 하느냐'다. 자신에게 심하게 화내면서 지금까지 해온 일이 다 허사가 됐고 "다 망쳤으니 더는 할 이유가 없어"라고 선언하며 포기할 수도 있다. 하지만 하루 빠뜨렸다는 사실을 인정하고, 누구나 그런 일이 생길 수도 있다는 걸 받아들일 수도 있다. 잠시 숨을 고른 다음, 다시 한 번 포인트를 이어가면 된다.

　포인트를 하루 빠뜨리는 건 중요하지 않다. 다시 시도하기로 결정하는 것이 중요하다. 중간중간 포인트를 놓치더라도 좌절하지 말고, 그저 다시 시작하면 된다. 그건 나약함이나 약점, 실패의 징후가 아니니 괜찮다. 그러니 하루쯤 거르더라도 다시 시도해보자.

　물론 깔끔한 진행을 위해서는 한 달 동안 매일 하나씩 해보기를 제안한다. 하지만 이 책에 담긴 모든 포인트를 시도하는 데 한 달보다 훨씬 오랜 시간이 걸리더라도 포기하지 않고 꾸준히 해나갔다면 성공이다. 포인트를 '완벽하게' 진행하는 게 성공의 척도가 아니라 그저 시도해보는 것 자체로 성공인 것이다.

이제 미세한 개선의 개념과 이 책의 진행 방법을 알았으니 실제로 실천해보자!

다만, 이 책은 전문가의 의학적 조언을 대신할 수 없다는 점은 잊지 말자. 정신적·정서적·신체적 고통을 겪고 있다면 반드시 전문가의 도움을 받아야 한다.

기록 일지

각 포인트를 마친 뒤 체크리스트에 표시하자. 그것이 마음에 들어서 또 시도해보고 싶은지 아니면 일부 요소를 개선해서 다시 시도할지를 기록하는 것이다.

	반복!	개선 후 다시 시도
1 인생 키워드 찾기	☐	☐
2 스스로에게 가장 친한 친구 되어주기	☐	☐
3 휴대폰으로 기분 부스터 만들기	☐	☐
4 경계 설정하기	☐	☐
5 멋진 미래 상상하기	☐	☐
6 깊고 느리게 숨쉬기	☐	☐
7 무작위로 친절 베풀기	☐	☐
8 통제 가능한 것 찾기	☐	☐
9 마음이 자유롭게 흐르도록 놔두기	☐	☐
10 일상 관리하기	☐	☐
11 감사 일기 쓰기	☐	☐
12 명상하기	☐	☐
13 거절 연습하기	☐	☐
14 마음챙김 산책하기	☐	☐
15 아침 루틴 만들기	☐	☐
16 나만의 응원단 만들기	☐	☐

17 걱정 시간 정해두기	☐	☐
18 주변 사람에게 관심 기울이기	☐	☐
19 음미하고 즐기기	☐	☐
20 과거에서 내면의 힘 발견하기	☐	☐
21 재미있게 놀기	☐	☐
22 인생의 수레바퀴 그리기	☐	☐
23 나만의 아늑한 공간 만들기	☐	☐
24 긍정 확언 만들기	☐	☐
25 미래의 나를 위한 결정하기	☐	☐
26 수면 루틴 만들기	☐	☐
27 '내가 해낸 모든 일' 목록 만들기	☐	☐
28 보이지 않는 보호복 마련하기	☐	☐
29 스스로에게 허락하기	☐	☐
30 자유롭게 끄적여보기	☐	☐
31 습관 만들기	☐	☐

목차

1

인생 키워드
찾기

긍정적인 목표나 인생 키워드가 될 단어를 정하면서 한 달간의 여정을 멋지게 시작해보자.

인생 키워드를 정하는 이유는, 스스로 어떤 기분을 느끼고 싶은지, 어떤 사람이 되고 싶은지, 어떤 행동을 하고 싶은지를 떠올리게 해주는 도구를 준비해두기 위해서다. 하나의 키워드를 기준점으로 삼으면 자신이 어떤 삶을 살고 싶은지, 세상 속에서 어떤 모습으로 존재하고 싶은지를 언제든 다시 떠올릴 수 있다.

인생 키워드는 당신을 지지하고, 격려하고, 영감을 줄 수 있어야 하며, 당신의 가치관과 삶에 있어 가장 소중한 것이 무엇인지를 떠올리게 해주는 말이어야 한다. 따라서 이 단어는 당신을 부끄럽게 하거나 죄책감을 불러일으켜서는 안 되며 스스로를 괴롭히는 채찍으로 사용해서도 안 된다. 인생 키워드는 노력해서 달성해야 하는 목표가 아니라 삶의 동반자처럼 함께할 수 있는 말이자, 당신이 내면에서 구현하고 싶은 어떤 상태나 감정이어야 한다.

요즘은 새해를 시작할 때 '올해의 키워드'를 정하는 문화가 점점 자리 잡고 있다. 새해 결심 대신 하나의 단어를 골라 나를 긍정적으로 이끌어주는 방향키로 삼는 셈이다. 하지만 당신을 이끌어줄 키워드를 반드시 연초에 정해야 하는 것은 아니다. 원한다면 언제든 활용 가능한 아이디어다.

인생 키워드는 특정한 하루나 일주일, 한 달을 위한 단어를 고를 수도 있고 어떤 프로젝트나 휴가, 혹은 계절에 맞춰 고를 수도 있다. 그 단어는 자기계발과 관련될 수도 있고, 다른 사람과의 관계 혹은 당신의 일, 어느 쪽이든 가능하다. 이번 계기로 앞으로 한 달간 당신에게 영감을 주고 동기가 되어주는 단어를 정해두면 어떨까? 인생 키워드의 몇 가지 예를 살펴보자.

- 스스로를 돌보는 데 집중하고 싶다면 '사랑', '양육', '연민' 같은 단어가 좋다.
- 직장에서 큰 행사를 앞두고 긴장될 때, 자신감을 북돋고 스스로를 격려하고 싶다면 '용기'나 '평정심'같은 단어를 선택하면 된다.

- 생활 속에서 더 많은 즐거움과 기쁨을 느끼고 싶다면 '기쁨', '웃음', '재미', '즐거움' 같은 단어를 선택하자.

나만의 키워드 찾기

원하는 단어라면 무엇이든 선택해도 된다. 그건 다른 사람의 단어가 아니라 당신만의 인생 키워드이기 때문이다. 이때 지켜야 할 유일한 '규칙'은 자신에게 정말 도움이 될 것 같은 단어를 고르는 것이다.

반드시 가져야 한다고 생각하는 단어나 다른 사람들에게 그럴듯하게 보이고 싶은 단어를 골라서는 안 된다. 예를 들어, 요즘 '회복탄력성'이라는 말이 유행한다고 해서 당신도 그걸 인생 키워드로 삼아야겠다고 생각할 수도 있지만, 먼저 그 단어가 정말 자신에게 가장 도움이 될 것인지 고민해봐야 한다. 그런 자질이 필요하다고 생각하지만 마음속으로는 그 단어와 깊이 교감하는 기분이 들지 않는다면?

이 과정은 다른 사람들이 아닌 당신 자신만을 위한 키워드를 선택하는 것이므로 원하지 않는다면 당신의 인생 키워드가 무엇인지 굳이 다른 사람에게 말할 필요가 없다. 하지만 그 단어를 실천하는 데 책임감을 느끼는 것이 도움이 된다면 믿을 만한 친구에게 털어놓는 것도 괜찮다.

인생 키워드 고르기

그렇다면 인생 키워드는 어떻게 골라야 할까?

1. 먼저 정해진 기간 동안 어떤 기분을 느끼고 싶은지, 어떤 사람이 되고 싶은지, 어떤 행동을 하고 싶은지 생각해본다. 예컨대 한 달간 원포인트업을 하는 동안이라면, 성장하는 느낌이나 마음챙김, 적극적인 행동과 관련된 단어가 떠오를 수 있다.

2. 종이에 떠오르는 대로 적어본다. 너무 깊이 생각할 필요는 없다. 원포인트업을 떠올리면 '성장', '마음챙김', '행동' 같은 단어가 포함될 수 있다.

3. 이제 적어둔 단어를 하나하나 읽어나가면서 마음에 울림이 없거나 교감하는 느낌이 들지 않는 단어는 지운다.

4. 필요하다면 동의어 사전을 참고해 의미는 비슷하지만 더 공감되는 단어가 있는지 확인한 다음 그 단어를 목록에 추가한다.

5. 다시 3단계를 반복해 단어들을 걸러낸다.

6. 지금까지 추리고 남은 단어를 꼼꼼히 살펴본다. 아직 종이에 단어가 여러 개 남아 있어도 상관없다.

7. 단어를 하나씩 소리 내어 읽으면서 몸에서 어떤 반응이 나타나는지 관찰한다. 배가 간질거리거나, 몸이 이완되거나, 따뜻함이 느껴질 수 있다. 이건 직감 혹은 직관에서 우러나는 본능적인 감각이 신체 반응을 통해 도와주는 것이며, 어떤 단어를 선택해야 한다는

의무감에서 벗어나는 좋은 방법이다. 읽을 때 속이 갑갑하거나, 의무감이 들거나, 재미없는 단어는 별 도움이 되지 않으니 그냥 지워 버리자.

❽ 좋은 감정을 유발하는 단어에 동그라미를 친다. 신나는 느낌, 확장되는 느낌, 혹은 시선을 끄는 단어가 그 대상이다.

❾ 각 단어를 하나씩 큰 소리로 다시 읽으면서 이번 한 달간 그 단어를 몸소 실천하면 어떤 기분이 들지 상상해본다. 그리고 다음과 같이 스스로에게 물어보자.

• 이 단어가 내게 영감을 주는가?
• 이 단어가 나를 격려하는가?
• 이 단어로 동기가 부여되는가?
• 무엇보다 이 단어를 통해 힘을 얻을 수 있는가?
• 훗날 이 단어를 떠오를 때마다 그것이 상기시키는 것들이 고맙다고 느껴질 것인가?

이 질문들에 가장 명확하게 '그렇다'고 대답할 수 있는 단어가 바로 당신을 위한 인생 키워드다.

이제 당신만의 인생 키워드를 골랐다. 그 단어는 앞으로 한 달간 원포인트업을 하는 동안 어떻게 느끼고 어떤 모습이고 싶은지 상기시켜줄 것이다.

인생 키워드 사용법

인생 키워드를 늘 마음속 중심에 두기 위해, 매일 아침 일과를 시작할 때 혼자 되뇌어보자. 아니면 할 일 목록이나 일기장 맨 위에 적어두어도 좋다. 메모지에 적어 지갑에 넣거나, 휴대폰 배경 화면으로 설정하거나, 냉장고에 붙여두면 기억하기 쉽다.

인생 키워드를 마음속으로 몇 번 반복해서 말한 다음 어떤 기분이 드는지 살펴보자. 그 단어가 당신 안에서 일깨우고자 하는 감정이 떠오를 것이다. 인생 키워드는 확신이 서지 않을 때 마음을 안정시키고 중요한 목표를 잊지 않도록 도와주며, 가치관뿐만 아니라 당신의 바람과 욕구 또한 중요하다는 사실도 되새기게 해준다. 또한 다른 사람의 말이나 행동 때문에 흔들릴 때 자신의 직감을 믿어도 된다는 확신을 준다.

시간이 지난 뒤 지금 선택한 단어가 자신에게 잘 맞지 않는다고 느껴지더라도 상관없다. 다른 단어를 골라서 다시 시도하면 된다. 선택할 수 있는 단어는 아주 많고, 어쨌든 그냥 한번 해볼 뿐이지 않은가!

(**한 문장 PICK UP**)

나만의 인생 키워드는 _____ **이다.**

2

스스로에게 가장 친한
친구 되어주기

잠깐 시간을 내서 스스로에게 어떤 말을 하고 있는지 돌아보자. 거울을 볼 때, 지각했을 때, 실수를 저질렀을 때, 일을 미룰 때, 상황이 어려울 때, 혹은 두려움을 느낄 때 말이다. 우리는 아주 사소한 일에도 금세 자신을 비난하고, 꾸짖고, 질책하고, 엄하게 대하곤 한다.

사람들은 다른 사람을 대할 때보다 자신을 대할 때 훨씬 불친절하게 군다! 이번 10분은 스스로에게 좀 더 친절해지는 방법을 알아보도록 하자.

자신에게 친절하기

자신을 채찍질하거나 꾸짖지 않고 친절하게만 대하면 모든 동기와 야망을 잃고 현실에 안주하게 될 것이라고 생각하는가? 성공에 대한 기준이 낮아지고 무엇이든 대충 처리하는 데 익숙해져 아무것도 이루지 못하게 될 것이라고 생각하는가?

하지만 정말 자신을 재촉하고 몰아붙여야만 뭔가를 이룰 수 있을까?

때로는 말로 경종을 울려서 스스로를 다그치는 것이 도움이 될 수도 있지만, 머릿속의 목소리가 계속 심술궂게 비꼬고 비웃으며 멸시한다면 자존감과 자신감, 자기 신뢰가 조금씩 줄어들 것이다. 머릿속을 그런 말들로 꽉 채우고 계속 되뇌다 보면 어느새 그걸 믿게 된다('24 긍정 확언 만들기' 참조).

처음에는 자신을 심하게 비난하는 말이 "내 능력을 증명해 보이자"라는 도전 정신을 불타오르게 할지도 모른다. 하지만 스스로에게 "마감일도 못 맞춰", "문제도 제대로 파악 못 해", "친구를 사귀는 건 글렀어" 같은 말을 늘 하다 보면, 그게 진짜라고 믿게 될 수도 있다.

만약 당신이 스스로에게 말하는 방식대로 친구가 당신의 단점을 지적한다면 참을 수 있겠는가? 당신이 아끼고 사랑하고 존경하는 사람에게도, 자신에게 퍼붓는 그런 가혹하고 잔인한 말을 할 수 있겠는가?

나를 돌보는 강력한 방법

내게 코칭을 받으러 오는 내담자가 힘든 상황에서 자신을 비판하고 깎아내리는 모습을 보이면, 매우 간단한 (그리고 믿을 수 없을 정도로 강력한) 질문을 하나 던지곤 한다.

"친한 친구가 당신과 똑같은 상황에 처해 같은 기분을 느끼고 있다면 친구에게 무슨 말을 해주겠습니까?"

그러면 대부분 연민과 친절, 공감, 이해, 격려로 가득한 대답이 바로 튀어나온다.

실제로 자신을 격려하기보다 어려움을 겪고 있는 친구를 어떻게 도울지, 그들이 자신의 장점과 강점을 깨닫도록 어떻게 격려하고 자신감을 북돋을 수 있을지 생각하는 편이 훨씬 쉽다. 그러니 친한 친구가 자신과 같은 처지에 놓였다고 상상해보고, 그때 해줄 말을 고른 뒤 그대로 자신에게 해주자.

일례로 아는 사람이 하나도 없는 행사에 가서 낯선 사람들과 대화를 나눠야 한다는 생각에 불안하다고 가정해보자. 머릿속의 목소리가 이렇게 말한다. "바보 같은 짓 좀 그만해. 뭘 두려워하는 거야? 그냥 누군가에게 말을 걸면 되잖아. 그렇게 지레 겁먹어서는 아무것도 할 수 없어." 그렇다면 이제 똑같이 불안해하는 친구가 있다고 상상해보자. 당신은 친구에게 "긴장해도 괜찮아. 그런 상황에서는 너처럼 느끼는 사람들이 많아"라고 말해줄 것이다. 그리고 친구가 이전에 겪었던 비슷한 상황과 그때 어떻게 잘 헤쳐나갔는지 떠올리게 해주면서 "두려웠을 텐데, 행사에 참석한 네 모습이 정말 자랑스러워"라고 격려할 것이다.

이제 이 말을 그대로 자신에게 적용해보면, 스스로를 가혹하게 비판하거나 자책할 때보다 훨씬 기분이 좋아진 상태로 두려운 일에 맞설 수 있을 것이다.

자기 연민의 이점

기본적으로 자기 연민은 다른 사람에게 베풀던 사랑과 친절을 자신에게도 줘보는 것이다.

자기 연민에는 많은 이점이 있다는 연구 결과가 있으며,[1] 자기 연민을 느끼는 사람에게는 다음과 같은 특징이 있다.

- 스트레스와 불안 수준이 낮고 우울증을 앓을 가능성도 작다.
- 두려움이나 수치심 같은 고통스러운 감정을 덜 느끼고 그런 감정에 잘 얽매이지도 않는다. 그 이유는 고통을 억누르기 때문이 아니라 그런 감정을 느낄 때 자신에게 친절을 베풀고 격려하기 때문이다.
- 희망과 활력이 더 높아지고 남들보다 행복하고 만족감도

크다.

- 회복력과 대응력이 뛰어나며 자신의 건강을 더 잘 챙긴다. 그러니 자신에게 친절한 사람이 나약하고 의욕이 없고 방종하다는 오해는 버리자.
- 원만한 애정 생활을 영위한다. 사랑하는 사람과 긴밀한 교감을 나누면서 너그럽게 받아들이고 지금 모습에 만족한다. 또한 쉽게 무너지지 않는다. 이는 상대방을 위해 자신의 요구를 포기하지 않고 적절히 타협하기 때문이다.

그러니 자기 연민을 어떻게 안할 수 있단 말인가?!

자기 연민의 3요소

자기 연민 연구의 대가인 크리스틴 네프^{Kristin Neff}에 따르면, 자기 연민이 세 가지 요소로 구성돼 있다.[2]

❶ **자기 친절**self-kindness

자신을 이해하고 괴로운 마음을 달래서 진정시키며 말과 행동을 통해 스스로를 위로한다.

❷ **보편적 인간성**

자기 연민을 실천하려면 고통과 어려움을 겪는 사람이 자기 혼자

만은 아니라는 사실을 알아야 한다. 세상에서 자신만 힘들다고 생각할 수도 있지만 결코 그렇지 않다. 아무리 특수한 상황처럼 보여도, 세상 어딘가에는 같은 이유로 힘겨워하는 사람들이 늘 있다. 이 사실을 깨닫는 것만으로도 외로움이 한결 줄어든다.

❸ **마음챙김**

자신이 어떤 감정을 느끼는지, 또 자신에게 어떻게 말하고 대하는지 인식한다. 자신이 고통스럽다는 사실을 인식해야만 비로소 스스로에게 연민을 베풀 수 있다.

따라서 아무도 모르는 행사에 참석해야 해서 긴장된 상황에서도 자기 연민을 실천한다면 이렇게 행동할 수 있다.

- **자기 친절** 자신에게 사랑과 지지, 격려를 보낸다.
- **보편적 인간성** 이런 기분을 느끼는 게 자신만은 아니라는 사실을 인정한다.
- **마음챙김** 지금 기분이 어떤지, 자신에게 어떤 말을 건네는지 주목한다.

자기 연민 실천

자기 연민을 실천하는 데에는 두 가지 방법이 있다.

❶ 10분 정도 시간을 들여 자신에게 가혹하고 비판적으로 굴었던 힘든 상황을 떠올린 다음, 그 장면을 마음속에서 다시 재생하면서 앞에서 열거한 자기 연민의 3요소를 활용해 자신에게 말하는 방식을 바꿔보자.

이때 도움이 될 만한 질문 몇 가지가 있다.

- 그 상황에서 당신은 자신에게 어떻게 말했고 어떤 말을 사용했는가?
- 그때 어떤 감정을 느꼈는가?
- 같은 감정을 느낀 사람이 또 있을 거라고 상상할 수 있는가?
- 친한 친구가 당신과 같은 상황에 처했다면 친구에게 무슨 말을 해주겠는가?
- 친구를 어떻게 대할 것인가?
- 친구를 대하는 태도를 떠올리며, 지금의 나에게는 어떤 말을 건넬 것인가?
- 다음에 다시 힘든 상황에 처한다면 자신에게 어떤 친절한 위로와 격려의 말을 건넬 것인가?

아니면,

❷ 오늘 하루 종일 머릿속에서 흘러나오는 내면의 독백에 주의를 기

울여보자. 자신에게 불친절한 말을 내뱉고 있다는 걸 알아차렸다면, 잠시 그 독백을 멈추고 자기 연민의 3요소를 이용해 자신에게 친절한 격려의 말을 건네자.

이렇게 자신에게 연민과 친절, 배려를 베풀 때 기분이 어떤지 살펴보자. 자신에게 자주 불친절했다는 사실을 깨닫게 되더라도 놀랄 필요는 없다. 물론 스스로에게 너무 가혹하게 굴지 않는 게 좋지만 말이다. 설령 자신에게 화냈던 일을 떠올리더라도 또다시 자책하지 말자! 이는 강력한 깨달음이다. 이제 당신은 자기 연민을 통해 그런 상황을 잘 극복할 수 있게 되었다.

(한 문장 PICK UP)

스스로를 가장 친한 친구처럼 대한다.

3

휴대폰으로
기분 부스터 만들기

요즘 사람들은 휴대폰을 좀처럼 손에서 내려놓지 않는다. 그 정도가 어찌나 심한지 휴대폰이 없을 때 느끼는 공포증을 가리키는 말까지 생겼다. 바로 '노모포비아nomophobia'인데, 여기서 '노모nomo'는 '휴대폰 없음no mobile phone'의 줄임말이다.[1] 이렇게 휴대폰에서 눈을 떼지 않으면 당연히 정신 건강에 해롭다. 업무 관련 이메일 때문에 계속 일에서 벗어나지 못하고, SNS 화면을 스크롤하다 보면 뭔가 중요한 일을 '놓칠까 봐 두려워하는 마음, 즉 포모FOMO, Fear Of Missing Out'에 휩싸이며, 끊임없이 울려대는 알림음 때문에 눈앞의 즐거움에도 집중하지 못한다.

그렇다고 스마트폰을 아예 없앨 수는 없는 일이다. 그렇다면 차라리 정신 건강에 도움이 되는 쪽으로 활용해보자. 자신만의 맞춤형 기분 부스터를 만드는 것이다. 이번 10분은 기분 부스터를 시작하는 데 도움이 되며, 나중에는 원할 때마다 새로운 내용을 추가하면 된다.

나만의 기분 처방전

기분은 하루에도 수십 번씩 변하기 마련이다. 수면 시간, 섭취한 음식, 날씨, 다른 사람의 말과 행동, 업무량, 뉴스 등 다양한 요인에 따라 오르락내리락하기 때문이다. 그러니 기분이 좋아지고 싶을 때 언제든지 활용할 수 있는 부스터를 준비해놓는 게 좋다.

이 부스터의 목적은 감정을 찬찬히 살피면서 다독일 여유가 없을 때 그 순간 필요한 지원을 즉각적으로 제공하는 것이다. 예컨대 곧 중요한 회의에 참석해야 하는데 기분이 가라앉고 자신감이 없다거나, 집에서 멀리 떠나 있어 가족이 그리운데 당장 가족과 대화를 나누지 못한다거나, 기진맥진한 상태로 퇴근했더니 아이가 잠옷 파티를 한다면서 친구들을 잔뜩 데려온 그런 상황 말이다. 다만, 이 부스터는 삶의 문제를 회피하거나 감정을 억지로 눌러 숨기는 용도로 써서는 안 된다.

휴대폰은 늘 손 닿는 곳에 있으니 휴대폰으로 기분 부스터를 만든다면 필요할 때마다 언제든 이용할 수 있다.

부스터에 넣을 만한 것들

이 부스터는 당신만을 위한 맞춤형이며, 휴대폰에 저장할 수 있는 형식이라면 당신에게 도움이 될 만한 무엇이든 넣을 수 있다는 것이 장점이다. 다음은 부스터에 넣을 만한 몇 가지 예시다.

음악 플레이리스트

아이튠즈iTunes, 스포티파이Spotify 같은 스트리밍 서비스를 활용하면 기분에 따라 여러 개의 플레이리스트를 만들어둘 수 있다. 음악을 들으면, 피로, 슬픔, 두려움이 잦아들고 행복감과 삶의 질을 높여주며 스트레스가 심할 때 특히 효과적이라는 연구 결과도 있다.[2] 다음은 원하는 기분에 어울리는 플레이리스트 예시다.

- 차분해지는 플레이리스트 긴장을 풀어주는 편안한 클래식이나 은은한 음악
- 활력을 북돋우는 플레이리스트 심장이 뜨거워지고 기운이 솟구치는 경쾌하고 빠른 박자의 음악
- 강렬한 음악 플레이리스트 강렬한 가사로 자신감과 결단력을 높이는 노래

명상 앱

차분하고 편안한 기분이 필요할 때는, 명상 가이드를 들으며 조용히 명상에 잠기는 것이 도움이 된다. 명상 앱을 하나 다운 로드하고(대부분이 무료이며, 자세한 사항은 '12 명상하기' 참조) 그 중 마음에 드는 명상 가이드를 저장하거나 즐겨찾기해둔다. 소요 시간과 원하는 효과에 따라 다양한 명상 프로그램을 미리 알아두면 좋다. 예를 들어 불안 감소, 변화 대처, 자기 연민 향상 같은 효과로 구성된 명상 가이드를 골라 저장해두면, 그때 그때 필요한 순간에 바로 선택할 수 있다.

동영상 플레이리스트

강아지, 새끼 고양이, 아기가 등장하는 귀엽고 재미있는 영상을 보지 않는다면 인터넷이 무슨 소용이 있겠는가? 계단을 오르려고 낑낑대는 강아지부터 좋아하는 코미디언의 스탠드업 공연까지 유튜브에는 언제 봐도 피식 웃음이 나오는 영상이 셀 수 없이 많다.

언제든 웃음이 필요할 때 빨리 찾아볼 수 있도록 '나만의' 웃긴 동영상 플레이리스트를 만들어두자.

사진 앨범

당신 휴대폰도 내 것과 비슷하다면 수년간 찍은 사진이 수천 장쯤 저장돼 있어도 그중 실제로 인화해서 앨범에 넣어둔 사진은 없을 것이다! 그렇다면 언제든지 간편하게 볼 수 있도록 편리한 디지털 사진 앨범을 만들어서 좋아하는 사진을 정리해두면 어떨까? 사랑하는 가족과 친구, 반려동물, 소중한 휴가 사진 등 언제 봐도 기분 좋아지는 사진을 휴대폰 앨범에 저장하고 앨범마다 쉽게 찾을 수 있도록 기억하기 쉽거나 재미있는 이름을 붙이자.

음성 메시지

마음이 흔들리거나 울적할 때 가장 듣고 싶은 것은 뭐니 뭐니 해도 사랑하는 사람의 목소리다. 사랑하는 이들에게 위로와 격려, 조언의 말을 담은 음성 메시지를 부탁해 휴대폰에 저장해두면, 직접 대화를 나눌 수 없을 때도 들을 수 있다. 필요하다면 스스로에게 보내는 음성 메시지를 직접 녹음해둘 수도 있는데, 이렇게 하면 과거의 내가 보낸 메시지를 미래의 내가 들을 수 있다. 자기 목소리를 듣는 게 어색할 수도 있겠지만 시험 삼아 한번 해보자.

긍정적인 명언

스스로를 의심하거나 깎아내리는 생각이 자꾸 들 때 이를 상쇄하는 강력하고 긍정적인 문장을 읽으면 기분이 크게 달라질 수 있다. 그래서 휴대폰 메모 앱에 명언을 쭉 적어놓거나 SNS나 인터넷에서 발견한 좋은 글귀를 담은 이미지를 저장해두고 긍정적인 명언 모음집을 만들자. 필요할 때마다 읽어보면 신념이 굳건해지고 기분도 한결 좋아질 것이다('24 긍정 확언 만들기' 참조).

행동 목록

기분이 가라앉았을 때는 당장 뭘 해야 기분이 좋아질지 떠오르지 않을 수도 있다. 그래서 지쳐 있을 미래의 자신을 돕기 위해 (부스터 안에 들어 있는 것 말고도) 오늘 할 수 있는 모든 행동을 목록으로 만들어보자. 이 목록이 있으면 뭘 해야 하나 고민할 필요 없이, 휴대폰에서 행동 목록을 열고 지금 상황에서 할 수 있는 행동을 골라 바로 시작하면 된다. 그러면 울적함을 떨치고 좋은 기분으로 전환하는 데 도움이 된다. 이 목록에는 다음과 같은 행동이 들어갈 수 있다.

- 산책을 나가자.
- 친구에게 전화를 걸자.
- 차분하게 집중할 수 있는 컬러링북을 색칠하자.
- 좋아하는 옷을 입자.
- 천천히 다섯 번 심호흡하자.
- 베개에 얼굴을 파묻고 소리 지르자.
- 맛있는 음식을 먹자.
- 정성껏 화장을 하자.

- 팔다리를 쫙 뻗으면서 다섯 번 정도 뛰어올라보자.
- 다이어리에 글을 쓰자.

5분, 1시간, 반나절처럼 소요 시간을 기준으로 목록을 정리해두면, 지금 당장 할 수 있는 일이 뭔지 쉽게 파악할 수 있다.

기분 부스터에 무엇을 넣을지는 전적으로 자신에게 달려 있다는 점을 기억하라. 오직 자신만을 위해 특별히 만든 기분 부스터이므로 다른 사람들의 것과 달라도 상관없다.

(한 문장 PICK UP)

나만의 기분 부스터는 항상 손 닿는 데 있다.

4

경계
설정하기

개인적 경계는 건강한 삶에 꼭 필요한 것이지만 이를 제대로 이해하지 못할 때는 혼란스럽고 어렵고 때로는 냉정하게까지 느껴진다. 이 주제는 워낙 방대해서 한 권의 책으로도 다루기 어려울 정도다. 그러므로 이 책에서는 '경계'를 하나 정하고 그것을 알리고 지키는 데 집중하고자 한다.

개인적 경계란?

미국심리학회APA는 경계를 이렇게 정의한다. "개인이나 집단의 온전한 상태를 보호하거나 개인이나 집단이 어떤 관계 또는 활동에 참여할 때 현실적인 한계를 정하도록 도와주는 심리적인 구분선"[1] 다시 말해 경계는 우리가 관계 속에서 무엇을 원하고, 무엇이 필요한지를 표현하는 방식이며, 사람이든 조직이든 심지어 기술과의 관계에서도 나에게 허용되는 것과 허용되지 않는 것을 구분하는 기준이라 할 수 있다.

견고할 수도, 느슨할 수도 있는 경계

많은 사람들은 경계를 '타인이 넘지 못하도록 막아내는 벽'으로 생각한다. 경계는 반드시 지켜야 하는 엄격한 선이며 누군가가 감히 넘으려고 하면 단호하게 대처해야 한다는 것이다. 하지만 경계가 너무 견고하면 다른 사람과 가까워지거나 도움을 요청하는 일을 어렵게 만들어, 결국 모든 사람과 거리를 두게 만든다.

그와 반대되는 극단에는 '허술한Porous'[2] 경계 혹은 느슨한 경계가 존재한다. 이 경우에는 남의 부탁을 거절하기가 어렵고,('13 거절 연습하기' 참조) 그 결과 부당한 대우를 참아버리기도 한다. 느슨한 경계는 다른 사람의 행복과 안위에 과도한 책임을 느끼게 하고 다른 사람들 또는 그들의 문제를 '고쳐주어야' 한다는 의무감을 느끼게 할 수도 있다.

건전한 경계 인식하기

우리의 목표는 건강한 관계의 기반이 되는 건전한 경계를 만드는 것이다. 이것은 자신의 필요, 욕구, 생각을 아는 것에 그치지 않고 그러한 권리가 나에게도 있다는 사실을 소중히 여기고 존중하는 것을 의미한다. 또한 그 경계를 다른 사람에게 분명하게 전달하고 상대방의 경계도 존중하며 받아들여야 한다. 경계는 타인의 행동을 통제하려는 게 아니라 자신에게 가장 바람직한 일을 선택하기 위함이다.

경계는 '자신의 가치관을 존중하는 것'이다

당신의 핵심적인 가치관 중 하나가 친절이라고 가정해보자. 그 가치관을 지키기 위해서는 다른 사람에게만이 아니라 자신에게도 친절해야 한다.

누군가가 의도적이든 아니든 당신에게 불친절하게 대하도록 그대로 두는 것을 '친절한 태도'라고 생각하는가? 그건 전혀 친절하지 않으며 당신이 지지하는 바나 당신에게 정말 중요한 것을 존중하지 않는 태도다.

상대를 존중하는 '건전한 경계'

우리가 스스로의 경계를 확실히 정하지 않거나, 그 경계를 다른 사람에게 알리지 않거나, 정해둔 경계를 스스로 지키지 못하면 주변 사람들이 혼란스러워하면서 서운해하거나 심지어 화를 낼 수도 있다. 우리가 원하는 것과 필요한 것, 괜찮은 것과 괜찮지 않은 것을 명확히 해야 다른 사람들도 어떻게 행동하면 되는지 알게 되는 것이다.

예를 들어 누군가 어떤 일을 부탁했을 때, 별로 하고 싶지 않거나 할 시간이 없다고 가정해보자. 하지만 당신은 어떤 요청이든 거절하는 건 잘못이라고 생각하기 때문에 불편한 감정을 느끼게 되고 결국 거절하지 못하고 받아들이게 된다. 그러고는 어떻게든 그 일에서 벗어나려고 애쓰거나 최대한 미루다가 막판에 취소하거나, 혹은 억지로 하면서 마음속의 분노나 불편함을 겉으로 드러내곤 한다.

이런 상황은 상대방 입장에서 꽤 혼란스러울 수 있고 결국 당신과 상대방 모두에게 친절한 행동이 아니다. 처음에는 '친절하게 굴고 싶어서' 혹은 '친절한 사람처럼 보이고 싶어서' 부탁을 받아들였지만 결과적으로 말과 행동이 다른 사람이 되고 만다. 상대방 앞에서 불만을 숨기는 데는 성공할지라도 스스로는 그 감정이 어떤지 안다. 그 일에 시간과 에너지를 쏟지 않으리라는 걸 알면서도 그렇지 않은 척하는 것은 솔직하지 못한 행동이다.

그러나 따뜻하고 친절한 방식으로 부탁을 거절하는 일은 상대방뿐 아니라 자신을 존중하는 일이기도 하다. 명확하게 의사를 전달함으로써 오해나 혼란을 일으키지 않고 서로의 입장을 확실하게 전달하는 것이다. 물론 거절하는 과정에서 어색함이나 상대의 반발이 있을 수도 있다. (혹은 의외로 아무 일도 일어나지 않을 수도 있다.) 평소 거절에 익숙하지 않았다면 자신의 경계를 지키고 이를 표현하는 일이 어려운 일일 것이다.

행동으로 경계 드러내기

우유부단한 성격에다 경계까지 확실하지 않다면 주변 사람들은 당신이 늘 그들의 뜻에 따르거나 그들을 도우려고 다른 걸 다 포기하는 데 익숙해져 있을 것이다.

스스로 자신의 경계를 존중하지 않으면 다른 사람들은 당신이 경계를 지키는 데 진심이 아니라고 생각한다. 그런 상황에서 그들이 당신의 경계를 진지하게 받아들일 리가 있겠는가?

이런 경우 당신이 원하거나 필요한 것을 말하기 시작하고, 다른 사람들의 의견에 무조건 동조하지 않으며, 그들이 부를 때마다 바로 달려가지 않는 모습을 보이면 다들 놀랄 것이다. 하지만 당신이 꾸준히 자신의 경계를 존중할 때 다른 사람들도 그 경계를 존중하는 법을 배우게 된다. 결국 우리는 스스로의 경계를 존중하고 지키는 모습을 통해, 다른 사람들에게 우리를 어떻게 대해야 할지 가르치는 셈이다.

일례로 당신이 친구에게 "오후 8시 이후에는 전화를 받고 싶지 않아. 저녁에는 좀 쉬고 싶거든"이라고 말해놓고도 매번 전화를 받아준다면 스스로의 경계를 존중하지 않는 것이다. 따라서 상대방은 당신의 말이 진심이 아니었다고 받아들이고, 언제든 당신에게 전화를 걸 수 있고 그때마다 전화를 받을 것이라고 기대한다. 반면 오후 8시 이후에 걸려 오는 전화를 일체 받지 않는다면 상대방은 당신이 이 경계를 진지하게 지키려고 한다는 걸 알게 된다. 이는 친구에게 전화를 걸지 말라고 통제하려는 게 아니라 그저 정해진 시간 이후에는 전화를 받지 않는다는 당신의 선택을 분명하게 하는 것이다,

긴급한 연락을 놓칠까 봐 걱정된다면, 긴급 상황이 발생했을 때는 음성 메시지나 문자를 보내도 된다고 말해두면 된다. 이렇게 하면 경계를 지키면서도 필요한 상황에는 대응할 수 있다.

경계 만들기

이제 10분간 경계 하나 이상을 정하고 하루 동안 실제로 그 경계를 실행해보자.

❶ 먼저 자기 삶의 어느 영역에 경계를 만들고 싶은지 정한다.

- 개인적인 인간관계

- 직장 내 인간관계

- 기술과의 관계(예: 디지털 기기 사용, SNS, 컴퓨터 게임)

❷ 만들고 싶은 경계를 생각해보자. 다음 질문과 예시를 활용하면 도움이 될 것이다.

- 상처받거나 억울하거나 불편했던 상황을 떠올려보자. 구체적으로 무엇 때문에 그런 감정을 느끼게 됐는가?

- 원하지 않지만 자주 하는 행동은 무엇인가?

- 진짜로 하고 싶거나 해야만 하는 일은 무엇인가?

- 다른 사람들에게 존중받고 싶은 부분은 무엇인가?

- 힘든 얘기를 털어놓을 때, 배우자가 그냥 조용히 들어주기만 하면 좋겠는데 자꾸 해결책을 찾으려고 한다.

- 주말에는 이메일에 답장하기 싫은데 고객이 답장을 기대할까 봐 걱정된다.

- 내가 얘기하는 도중에 친구가 말을 가로채면 짜증이 치밀지만 그냥 내버려둔다.

- 하루 중 잠깐이라도 혼자 쉴 시간이 필요하다!

❸ 원하는 것과 필요한 것이 무엇인지 명확하게 파악할 수 있도록 자신의 바람을 문장으로 만들어보자. 다음과 같은 형식으로 하면 된다.

- 내 문제를 고치려고 하지 말고 그냥 조용히 내 말에 귀 기울이고

지지해줬으면 좋겠다.

- 근무 시간에만 이메일에 답장하겠다.

- 내 이야기를 끝까지 들어줬으면 한다.

- 점심시간에 혼자 산책하고 싶다.

❹ **이제 경계를 정했으면 이를 다른 사람들에게 알리고 실천해 야 한다.**

- 배우자에게 이렇게 말하자. "내가 울분을 토할 때는 그냥 가만히 들어줘. 해결책이 필요하면 내가 먼저 부탁할게."

- 이메일 자동 응답 기능을 설정하자. "제 근무 시간은 월요일부터 금요일, 오전 9시부터 오후 5시까지이며 이 시간에만 이메일에 회신이 가능합니다. 근무 시간이 아닐 때 도착한 메일은 다음 근무일에 답장 드리겠습니다."

- 친구가 말을 또 자르면 이렇게 말하자. "잠깐만, 아직 내 말다 안 끝났어."

- 점심시간에 쉴 수 있도록 일정에 개인 시간을 확보하자. 혹시 그때 얘기를 나누고 싶어 하는 동료가 있다면 "나는 재충전을 위해 점심시간에 혼자 산책하는 편이야"라고 분명하게 말한다.

아까도 말했지만 경계를 새로 정한 뒤 이를 주변에 알리고 지켜나가는 데 익숙하지 않으면 마음이 불편할 수 있다. 그러나 그럴수록 이럴 자신을 위한 경계를 하나 정해서 연습해보

자. 서두르거나 너무 많은 것을 한꺼번에 해결하려고 하지 말자. 차근차근 해나가면 된다. 주위의 반발이 있을 수도 있지만 다음을 명심해야 한다.

- 우리는 원하면 얼마든지 경계를 정할 수 있다.
- 경계는 건전한 관계의 기반이다.
- 경계를 명확히 정해두면 혼란이나 오해가 생기지 않는다.
- 스스로 경계를 지키면 다른 사람들도 그 경계를 존중하는 법을 배우게 된다.

그러니 먼저 건전한 경계를 인식한 뒤 '나만의' 경계를 정하고, 그것을 주변에 알린 다음 스스로 지켜내며 실천으로 이어간다. 이후엔 어떤 변화가 일어나는지 살펴보자.

(한 문장 PICK UP)

**경계는 나 자신에게뿐만 아니라 다른 사람에게도 친절하고
명확한, 서로를 존중하는 방식이다.**

5

—

멋진 미래
상상하기

목표를 달성하고 원하는 것을 모두 이뤄 멋지게 살고 있는 미래를 꿈꿔본 적이 있는가?

그렇게 해봤다면, 마음이 따뜻해지고 행복감이 밀려드는 기분이 어떤 것인지 알 것이다. 이렇게 만족스럽고 충만한 미래를 그려보는 것만으로도 기분이 좋아지고 긍정적인 마음을 키우는 데 도움이 된다는 사실이 증명되기도 했다.

캘리포니아대학교에서 진행한 연구[1]에 따르면, 최고의 모습으로 살아가고 있는 미래의 자신에 대한 글을 써보기만 해도 즉시 기분이 좋아졌다고 한다. 이는 해결 중심 치료법에서 자주 활용되는데 몇 주간 꾸준히 실천하면 그 효과가 더 오래간다고 한다.

상상력 활용

이번에는 상상력을 활용해보자. 이것저것 하느라 바쁘더라도 잠깐의 틈을 내어 10분만 확보해도 충분하다. 차 한 잔을 준비하고, 휴대폰을 무음 모드로 바꾸고, 이메일 알림도 차단하고, 주변 사람들에게는 10분 동안 말을 걸지 말라고 부탁하자.

그 시간 동안 자신이 상상할 수 있는 최고로 멋진 미래의 모습을 글로 써보자. 그냥 생각만 하는 게 아니라 글을 쓰는 것이 중요한 이유에 대해서는 곧 설명하겠다. 5년 후든, 10년 후든, 20년 후든 지금으로부터 얼마나 지났는지는 마음대로 고르자. 그리고 자신이 열심히 노력해 목표를 달성하고, 가치관을 충실하게 지키며, 성취감과 행복을 느끼는 삶 즉, 더할 나위 없이 완벽한 삶을 상상하면 된다.

글을 쓰는 동안 더없이 멋진 미래를 생생하게 떠올려보자. 당신의 삶은 어떤 모습인가?

- 누가 당신 곁에 있는가? 혼자인가, 아니면 배우자 또는 가족과 함께 사는가?
- 어디에 사는가? 사는 지역은 어디이고 집은 어떤 모습인가?
- 어떤 일을 하고 있는가? 하고 있는 일이나 달성한 목표는 무엇인가?

• 어떤 기분인가? 만족스럽고 보람을 느끼는가?

> **글로 써야 하는 이유**
>
> 미래의 비전을 그냥 생각만 하고 끝내는 것이 아니라 글로 쓰는 게 더 효과적인 데에는 그만한 이유가 있다. 간단히 말해, 글쓰기는 생각보다 시간이 오래 걸리므로 생각을 문장으로 옮겨 적으면서 그 생각을 정리하고 분석할 수 있다. 그리고 이렇게 써내려간 글을 나중에 다시 읽으면서 자신이 상상한 최고의 미래 모습을 되새길 수도 있다.

글을 쓸 수 없는 상황이라면, 10분 동안 미래의 멋진 자기 모습을 소리 내어 말해보자. 아무것도 하지 않는 것보다는 훨씬 도움이 된다. 이때 말하는 내용을 휴대폰에 녹음해두면 나중에 다시 들으면서 자신이 상상한 미래를 되새길 수 있어 더 효과적이다.

미래 분석

최고로 멋진 자신에 대해서 쓴 글을 꼼꼼히 읽어보자.

이 활동은 달성할 수 없는 터무니없는 환상으로 자신을 속이자는 게 아니다. 자신에게 중요한 것, 설레게 하는 것, 이루고 싶은 목표 그리고 진정한 자신에 집중하기 위한 활동이다.

미래에 최고의 모습이 돼 있을 자신과 지금의 자신이 크게 다르지 않다는 것을 알게 될 수도 있다. 당신이 그리는 미래는 손 닿지 않는 곳에 있는 게 아니라 얼마든지 달성 가능하며, 그곳에 도달하기 의해 거쳐야 하는 길의 시작점도 발견할 수 있다.

글을 쓰다 보면, 어떤 주제가 발전해가는 모습이나 그동안 몰랐던 매우 중요한 목표를 발견하게 된다. 이전에는 별로 생각해보지 않았던 일에 대해 써내려가며 스스로에게 놀랄 수도 있고, 이 과정을 통해 더 깊이 탐구하려는 욕망을 발견할 수도 있다.

짧은 시간을 투자해서 자신이 미래에 멋지게 살고 있는 모습을 상상해보면 인생에서 정말 원하는 게 뭔지 더 명확해지고, 그것을 현실로 만들기 위한 구체적인 행동을 취할 가능성이 높아진다.

여기에 하루 중 1퍼센트 정도를 써볼 만한가?

미주리대학교 컬럼비아캠퍼스[2]에서 실시한 한 연구에서는 참가자들에게 4일 연속으로 하루 20분씩 시간을 내게 하여 자신의 가장 이상적인 미래에 관한 글을 쓰게 했다. 그 결과 연구 참가자들의 긍정적인 기분과 낙관적인 태도가 상당히 증가했고 심지어 몇 달이 지난 뒤에도 불안감을 느끼는 빈도가 줄었다고 한다.

　다른 포인트와 마찬가지로 이 과정도 10분간 시도해보고 어떻게 돼가는지 지켜보자. 가장 이상적인 미래의 자신에 관한 글을 다시 쓰거나, 며칠 동안 지금 쓴 내용을 다시 읽어보거나, 바로 다음 포인트로 넘어갈 수도 있다. 언제나 그렇듯 모두 당신이 정하기 나름이다.

한 문장 PICK UP

내가 가장 꿈꾸는 미래는 내 손에 달려 있다.

6

깊고 느리게
숨쉬기

숨 쉬는 법은 평생 해왔으니 잘 알 것이다. 하지만 스트레스를 받으면 폐 용량을 전부 사용하지 않고 얕은 숨을 쉬게 된다는 것을 알고 있는가? 사실 사람들은 가끔 어떤 일에 집중하느라 숨을 참기도 한다! 이메일을 읽거나 화면을 볼 때 자신도 모르게 숨을 참는 현상을 '스크린 무호흡증screen apnea'이라고 하는데,[1] 실제로 숨 쉬는 것조차 잊어버리기도 한다.

그래서 오늘은 호흡이 기분에 어떤 영향을 미치는지 알아보자.

스트레스 호르몬을 유발하는 '얕은 호흡'

제대로 숨을 쉬지 않는다는 것은 횡경막이 들썩일 만큼 호흡하지 않는다는 뜻이며, 뇌와 몸이 무언가 잘못되었다고 느끼고, 위험에 대비해 긴장하고 있다는 신호다. 교감 신경계가 활성화되면 투쟁-도피 반응으로 전환된다. 이때 몸에서 아드레날린이나 코르티솔 같은 호르몬이 분비되는데, 이들이 스트레스를 더 증가시켜 악순환이 계속된다.[2]

이런 자동 반응은 호랑이나 곰에게 잡아먹힐 위험이 있었던 시절의 잔재다. 하지만 오늘날은 교통 체증, 이메일, 퉁명스러운 지적, SNS 게시물 같은 사소한 일로도 스트레스 반응이 쉽게 일어난다. 정확히 무슨 일이 일어나고 있는지 의식하지 못할 수도 있다. 그저 약간 긴장되거나, 숨이 가쁘거나, 두통이 있는 정도겠지만, 그 안에서 모든 것이 시작된다. 스트레스로 인해 교감 신경계가 자주 활성화되면, 신체에 부정적인 영향을 미치고 시간이 지나면서 부담이 누적되어 심각한 타격을 입게 된다.

신경계가 진정되는 '깊은 호흡'

깊고 느리게 심호흡을 몇 번 하는 것은 과도하게 활성화된 신경계를 가라앉히고, 악순환을 줄이는 확실한 방법이다.

깊고 느리게 숨을 들이마시면 얕고 불규칙하게 숨을 쉴 때보다 산소를 많이 흡입해서 혈액 내 산소량이 증가한다.[3] 그리고 천천히 숨을 내쉬면 부교감 신경계가 활성화돼 휴식과 소화 반응으로 전환되고 뇌와 몸에 괜찮다는 신호를 보내 과도하게 각성된 상태를 진정시킬 수 있다.

중국에서 진행된 연구에서는 참가자들이 8주간의 호흡 훈련 프로그램을 실시한 결과, 깊고 느린 복식 호흡이 불안 수준을 상당히 낮추고 심박수를 감소시키는 것으로 나타났다.[4]

의식적으로 호흡하기

지금 바로 시작해보자. 긴장하거나 스트레스를 느낄 때, 혹은 오랫동안 화면을 응시하고 있을 때 시도해보는 것도 좋다.

이렇게 의식적으로 호흡하는 시간은 하루의 1퍼센트도 차지하지 않겠지만, 이게 하루 중 제대로 숨을 쉬는 유일한 시간일 수도 있다. 천천히 의식적으로 심호흡을 열 번만 하면 된다.

시작하기 전에 정신적으로나 신체적으로 어떤 기분인지 기록해뒀다가 심호흡을 마친 뒤의 기분과 비교해보자. 긴장감이 느껴지는 몸의 부위가 있는가? 지금 어떤 생각을 하고 있는가?

1 가능하면 코로 천천히 숨을 들이마시는 것부터 시작하자. 코로 호

흡하면 먼지와 입자를 걸러내고, 공기를 따뜻하게 하거나 차갑게 조절하고, 혈액에 더 많은 산소가 유입되도록 도와준다. 숨 쉴 때 숫자를 셀 필요는 없다. 억지로 조절하려 하지 말고 자신에게 맞는 속도로 천천히 하면 된다. 공기가 몸 깊숙이 들어가면서 배가 부풀어 오르는 모습을 머릿속에 그려보자.

❷ 그런 다음 입이나 코로 천천히 숨을 내쉬면서 몸에 있던 공기를 내보내 부풀었던 배가 다시 납작해지는 모습을 상상하자. 숨을 들이마실 때보다 내쉴 때 걸리는 시간이 더 길게 느껴질 것이다. 숨을 완전히 내쉬는 것도 완전히 들이마시는 것만큼 중요하다. 숨을 들이마시기만 하고 내쉬지 않으면 어지러울 수 있다.

❸ 다시 숨을 천천히 들이마시며 공기를 몸속 깊숙이 끌어들인다. 그리고 천천히 내쉬면서 공기가 몸 밖으로 빠져나가도록 한다.

❹ 이런 식으로 계속하면 된다. 숨을 천천히 깊게 들이쉬었다가 내쉬는 이 과정을 여덟 번 더 반복하면 총 열 번의 의식적인 호흡을 할 수 있다.

의식적으로 호흡을 한 후 기분이 좀 달라졌는가? 시작하기 전에 느꼈던 상태와 비교하면 어떤가?

몸과 뇌를 진정시키기

마음이 차분하게 가라앉고 몸이 편안해졌다고 느낀다면 이는 단순히 호흡 때문만은 아닐 수도 있다. 이 포인트에서는 두 가지 효과가 동시에 작용하기 때문이다.

호흡에 주의를 기울이고 배와 가슴의 오르내림을 알아차리려면 완전히 집중해야 한다. 이렇게 호흡에 집중하는 동안 우리의 뇌는 머릿속을 차지하고 있던 잡념에서 벗어나 잠시 쉴 수 있다. 집중은 마음챙김의 기본으로, 당신을 지금 이 순간에 머물게 한다.

이 포인트의 편리한 점은 언제 어디서든, 아무에게도 들키지 않고 시도해볼 수 있다는 것이다. 책상 앞에 앉아 있을 때, 회의실에서, 붐비는 버스 안에서, 마트에서 줄을 서거나 저녁을 준비할 때도 마찬가지다. 장소나 시간에 상관없이 스트레스를 낮추고 편안해지고 통제력을 느끼고 싶을 때는 언제든지 깊고 느리게 숨을 쉬어보자.

─(한 문장 PICK UP)─

깊고 느리게 숨을 들이마셨다가 내쉰다.

7

무작위로
친절 베풀기

'무작위 친절Random Act of Kindness, RAK'이라는 말을 들어본 적이
있는가?

　무작위 친절이란 보상을 기대하지 않고 누군가를 위해 친
절을 베푸는 것이다. '무작위'라는 표현을 쓰는 이유는 그것이
자발적인 행동일 수도 있지만 반드시 그럴 필요는 없기 때문이
다. 친절한 행동은 매우 다양하다. 몇 가지 예를 들어보겠다.

- 줄을 서서 기다릴 때 다른 사람에게 순서를 양보한다.
- SNS 게시물에 축하나 응원의 댓글을 쓴다.
- 헌혈을 한다.
- 골목이나 이웃집 문 앞에 쌓인 눈을 치운다.

- 쓰레기 수거하는 자원봉사를 한다.
- 칭찬한다.

예로 든 행동들은 전부 돈이 들지 않는 일이지만, 자신이 아닌 타인을 위해 돈을 쓰는 것도 행복감을 높여준다는 연구 결과도 있다. 놀랍게도, 그 돈의 액수는 상관없다. 다른 사람을 위해 20파운드(약 3만 5천 원)를 쓰든 5파운드(약 1만 원)를 쓰든 행복감에 미치는 효과는 동일하다고 한다.[1]

무작위로 친절을 베풀 때 중요한 점은 누군가를 위해 가치 있는 일을 하되, 감사나 보상을 기대하지 않는 것이다. 친절을 베푸는 이유는 단지 그것을 할 수 있을 뿐이며, 그것이 좋은 일이기 때문이다.

친절의 이점

보통은 친절을 받은 사람이 가장 큰 혜택을 얻는다고 생각할 것이다. 물론 그 생각도 맞지만 혜택을 누리는 건 그들뿐만이 아니다. 친절을 베푸는 사람과 그 모습을 지켜본 주변 사람들 역시 이득을 얻는다.

미국에서 실시한 한 연구에서는 참가자들에게 10주 동안 매주 3~9가지의 친절한 행동을 실천하도록 했다.[2] 어떤 사람은 똑같은 행동을 계속 반복했고 어떤 사람은 다양한 행동을 시도했다. 연구 결과, 일주일 동안 친절의 횟수를 늘린다고 해서 행복감이 지속적으로 증가하지는 않았지만, 같은 행동을 반복하기보다 다양한 방식으로 친절을 실천한 사람들일수록 행복감이 더 높아졌고, 한 달 뒤에도 그 효과는 유지됐다.

일본에서 실시한 또 다른 연구에서는 자신이 베푼 친절을 의식하면 어떤 영향이 생기는지 살펴보기 위해 참가자들에게 일주일 동안 각자가 매일 행한 친절의 횟수를 기록해보라고 했다. 그 결과 참가자들이 그날그날 자신이 친절을 몇 번이나 베풀었는지 세어보는 행위만으로도, 일주일이 끝날 무렵 느끼는 행복감이 증가한다는 것을 발견했다.[3] 즉, 진정한 이타적 행동은 보상에 대한 기대 없이 행해지는 것이지만 결국 그런 행동을 통해 자신도 이점을 얻게 된다는 얘기다.

앞서 얘기한 것처럼 무작위 친절 행위의 이점은 직접 연관된 사람들만의 것이 아니다. 이타적인 행동을 보거나 듣거나 읽기만 해도 관대하고 사려 깊은 행동을 하도록 자극을 받는다.[4] 다시 말해 당신의 작은 친절 하나가 더 많은 사람들의 친절을 이끌어내는 파급 효과를 일으킬 수 있다는 것이다. 그 영향은 때로는 당신이 전혀 모르는 사람에게까지 이어질 수 있다!

친절 베풀기

딱 10분만 시간을 내서 우연이든 의도했든 누군가에게 친절을 베풀어보자. 되도록 같은 친절을 반복하기보다 다양한 방식을 시도해보고 감사나 보상을 받으려는 기대는 내려놓아야 한다. 순수하게 세상에 친절을 퍼뜨리려는 의도가 있다면 더욱 좋다. 다음은 처음 시작할 때 도움이 될 만한 아이디어다.

❶ 낯선 사람을 위해 문을 잡아준다.

❷ 구입한 것이든, 길가에서 꺾은 것이든 주위 사람들에게 작은 꽃다발을 선물한다.

❸ 카페에서 자기 뒤에 서 있는 사람의 커피를 계산해준다.

❹ 재미있게 읽은 책을 비슷한 취향을 가진 친구에게 선물한다.

❺ 가게 주인에게 쇼윈도의 상품 진열이 멋지다고 칭찬한다.

❻ 자선 단체에 기부한다.

❼ 마음에 드는 뉴스레터에 답장을 보내서 감사를 표한다.

❽ 가족의 차를 세차해준다.

❾ 연로한 이웃을 위해 장보기를 도와준다.

❿ 직장 동료들을 위해 사무실에 간식을 가져간다.

⓫ 친구에게 "넌 나에게 정말 소중한 사람이야"라고 메시지를 보낸다.

⓬ 자선 단체에 옷이나 책을 기부한다.

⓭ 친구나 친척에게 손편지나 카드를 써서 안부를 권한다.

⑭ 근처 관공서나 병원에 감사의 마음을 담은 간식 상자를 선물한다.

⑮ SNS에 좋아하는 동네 가게를 소개한다.

⑯ 동료의 업무 성과를 칭찬한다.

⑰ 지하철이나 버스에서 다른 사람에게 자리를 양보한다.

⑱ 푸드뱅크에 식품을 기부한다.

⑲ 마음에 드는 식당, 호텔, 카페 등을 칭찬하는 리뷰를 쓴다.

⑳ 친구와 이웃의 자녀나 반려동물을 돌봐준다.

친절을 베풀기 전의 기분과 그후에 생긴 기분 변화를 기록하자. 어떤 행동을 얼마나 많이 했는지도 적어두자. 어떤 행동을 할 때 특히 즐거웠는가? 다른 사람들의 반응은 어땠는가?

─(한 문장 PICK UP)─

가는 곳마다 친절을 베푼다.

8

통제 가능한 것
찾기

인생에는 불확실하고 예측할 수 없으며 통제하기 어려운 일들이 많다. 그래서 우리는 그런 것들을 완전히 이해하지 못한 채로 살아간다. 어떤 사람들에게는 그게 괜찮으며, 인생에 많은 의문점이 있어도 개의치 않는다. 하지만 이런 불확실성은 어떤 사람에게는 심한 스트레스를 준다. 다음에 어떤 일이 일어날지, 혹은 그 일이 언제, 어디서, 어떻게, 왜 일어날지를 모른다는 사실이 불안을 자극한다. 결국에는 통제 불가능한 일을 통제하려 애쓰느라 많은 시간을 허비한다.

  일상 속에서 불확실성이 주는 스트레스는 매우 사소한 경우가 많다. 예를 들어, 파티가 몇 시에 끝날지 모른다거나, 도로가 얼마나 막힐지 모르는 경우다. 반면 자신의 위치가 직장에서 얼마나 안정적인지, 고장 난 자동차를 수리하는 데 비용이 얼마나 들지 등 조금 더 심각하게 느껴지는 불확실성도 있다.

세상에는 우리가 결코 완전히 통제할 수 없는 일들이 있다. 그래서 우리는 그런 일들 앞에서 무력감에 빠지기도 한다. 그러나 통제할 수 없다는 사실을 안다고 해서 걱정이 멈춰지는 것은 아니다. 멀리 떨어진 나라의 지진, 정부 정책의 변화, 기후 위기 같은 일들을 보며, 내가 할 수 있는 일이 아무것도 없다는 생각에 빠져 좌절하기도 하고 비참한 기분에 잠기기도 한다.

전 세계적인 문제든, 일상 속의 작은 문제든, 우리는 종종 일어나지도 않은 일들을 걱정하며 시간과 에너지를 낭비한다.

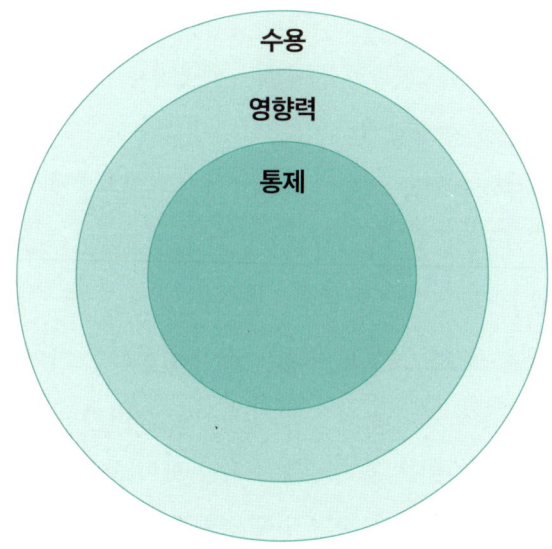

통제할 수 없는 일들을 어떻게든 통제하고 싶어 하면서 말이다.

이번에는 아무것도 통제할 수 없다는 무력감을 해소하는 빠르고 확실한 방법을 시도해보려 한다.

통제, 영향력, 수용

'통제, 영향력, 수용'은 리더십 전문가 스티븐 코비Stephen Covey가 만든 '관심의 원'과 '영향력의 원'에서 영감을 얻었다.[1]

자신이 통제할 수 있는 게 뭔지 파악하려면 자신이 영향을 줄 수 있는 영역과 자신이 전혀 통제할 수 없는 영역도 함께 알아봐야 한다.

준비물

- 종이 한 장과 필기도구
- 자신이 통제할 수 없다는 생각에 스트레스를 받는 일

해야 할 일

종이에 원을 세 개 그린다. 커다란 원 안에 중간 크기의 원을 그리고 또 그 안에 그보다 작은 크기의 원을 그려서 마치 접시 가운데에 달걀프라이를 올려놓은 것처럼 보이도록 그린다. 그리고 가장 안쪽 원에 **통제**, 중간 원에 **영향력**, 가장 바깥쪽 원에 **수**

용이라고 적는다.

이를 당신이 겪는 문제에 적용하기 전에 먼저 이것이 어떻게 기능하는지 예를 통해 살펴보자.

어떤 나라의 통치자가 다른 나라를 침략해 전쟁을 일으켰다. 그로 인해 사람들이 죽고 많은 것들이 파괴됐다는 뉴스 보도를 보며 무력감을 느낀다고 해보자.

1단계 │ 통제할 수 없는 것은 '수용'한다

자신이 통제할 수 없는 대상과 사람을 파악해서 이를 맨 바깥쪽 '수용'의 원에 적는다.

이 부분은 당신 힘으로 어떻게 할 수 없다. 따라서 불가능한 상황인데도 계속해서 그걸 바꾸려 애쓰거나 바뀌기를 바라는 건 소중한 시간과 에너지의 낭비일 뿐이며 스트레스만 심해진다.

비록 받아들이기 어렵더라도, 통제할 수 없는 일은 인정하고 놓아주자. 그렇게 해야 비로소 앞으로 나아갈 수 있다. 예시로 든 전쟁 상황에서 당신이 통제할 수 없는 것들은 다음과 같다.

- 침략을 감행한 지도자를 멈추게 하기. 그의 생각이나 행동을 우리가 바꿀 수는 없다.
- 침략당한 국가가 어떻게 반응하고 대응하는지 통제하기

- 전쟁이 뉴스에서 어떻게 보도되는지 통제하기

이렇게 당신이 바꿀 수 없는 것들은 '수용'의 원에 들어간다.

2단계 │ '영향력'을 발휘할 수 있는 것을 찾는다

이 단계에서는 내가 모든 상황을 통제할 수는 없지만, 어느 정도 영향력을 발휘할 수 있는 부분을 찾아본다. 상황에 영향을 미치기 위해 자신이 할 수 있는 일은 무엇인지, 자신의 영향력 안으로 끌어들일 수 있는 사람이 누가 있을지 생각해보자. 완전히 통제 가능한 것이나 전혀 불가능한 것을 따지기보다는, 조금이라도 영향을 미칠 수 있는 사람이나 대상을 떠올려보라는 것이다. 찾아낸 것을 '영향력'의 원에 적는다.

여기에 들어갈 수 있는 것들은 자신이 실제로 취할 수 있는 행동들이다. 그리고 그 행동을 한 후에는 '여기까지가 내가 할 수 있는 최선이다'라고 받아들인다. 영향력을 행사할 수는 있지만 결과까지 통제할 수는 없기 때문이다. 여기에 적어둔 행동들을 시간과 에너지를 들여 실천한 다음 그 이상은 신경 쓰지 말아야 한다. 예를 들어, 전쟁 상황에서 영향력을 발휘할 수 있는 방법은 다음과 같다.

- 국회의원에게 편지를 써서 전쟁과 그로 인해 발생한 인도주의적 위기를 어떻게 생각하는지, 우리 정부가 어떤 조치

를 취해줬으면 하는지 전달한다. 국회의원에게 뭔가를 하라고 강요할 수는 없지만 그들에게 영향을 미치려고 시도할 수는 있다.

- 도움이 필요한 이들을 위해 일하는 자선 단체의 SNS 게시물을 공유한다.
- 친구나 가족과 함께 위기 상황에 관해 이야기하고 구호 활동이나 기부할 수 있는 방법을 알려준다.

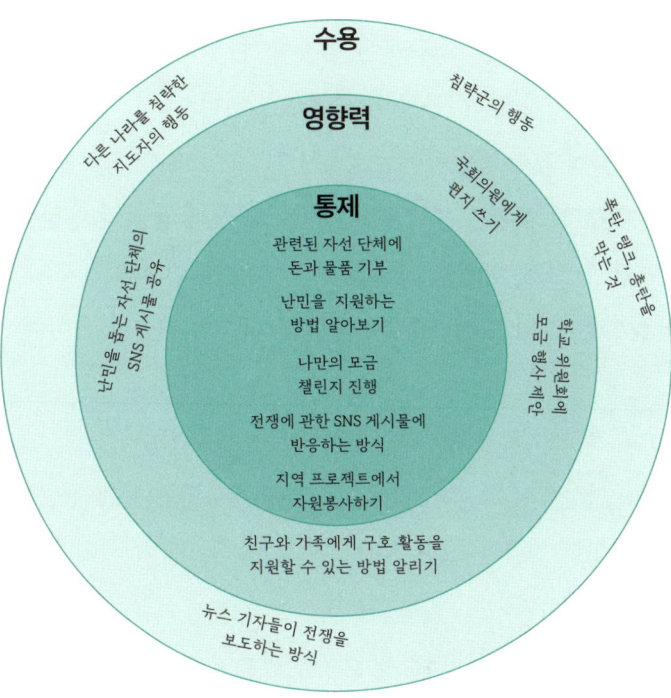

정보를 공유하면서 사람들에게 영향을 미치려고 애쓸 수는 있다. 그러나 당신이 아무리 열정적이고 단호하게 말해도, 그들이 실제로 어떤 행동을 하게 만들기는 쉬운 일이 아니다.

3단계 | '통제' 가능한 것에 집중한다

가장 안쪽 원에서는 당신이 통제 가능한 것들을 적는다. 즉, 마음대로 할 수 있는 일, 영향력을 발휘할 수 있는 것들이다. 예를 들어, 자신의 말과 행동, 태도, 접근 방식은 언제나 통제 가능하다. 어떻게 반응할지, 무슨 말이나 어떤 행동을 할지는 스스로 선택할 수 있기 때문이다. 다른 사람은 통제할 수 없어도 자신의 시간, 에너지, 말, 소유물은 통제할 수 있다. 이런 통제 가능한 것들이 가장 안쪽 '통제'의 원에 포함된다.

이곳에 적힌 것들이야말로 당신의 시간, 생각, 힘, 에너지를 집중해야 할 곳이다. 이 영역이 바로 당신이 온전히 영향력을 발휘할 수 있고, 변화를 일으킬 수 있으며, 말과 행동을 통해 힘을 발휘할 수 있는 자리다. 예를 들어, 다음과 같은 것들이다.

- 온라인 혹은 오프라인에서 정보를 공유한다.
- 현장에서 활동하는 자선 단체에 기부하거나 그런 단체에 대한 인식을 고취시키고 기금 마련을 돕기 위해 시간을 할애한다.
- 전쟁으로 삶의 터전을 잃은 난민들의 상황을 파악하고 그

들을 도울 방법을 알아본다.

- 특정한 위기 상황 외에 자신이 할 수 있는 더 큰 그림을 바라본다. 자신이 속한 지역 사회든 다른 먼 곳이든 여러 가지 힘든 일, 상실, 고통을 겪고 있는 이들을 돕기 위해 할 수 있는 일에 집중한다.
- 푸드뱅크, 난민이나 노숙자를 위한 자선 단체 등에 연락해 자원봉사를 하거나 돈, 식품, 옷가지 등을 기부하고 홍보에 앞장서는 등 다양한 지원 방법을 알아본다. 더불어 이 문제에 대해 사람들의 인식을 높이는 데 자신이 어떻게 기여할 수 있을지도 함께 고민한다.

관심의 초점

대개는 가장 안쪽 원, 즉 자신이 통제할 수 있는 부분이 가장 많은 내용으로 채워진다. 이는 처음 생각했던 것보다 우리가 더 많은 힘을 갖고 있기 때문이다.

전쟁이라는 예시를 이용해 설명하자면, 멀리 떨어진 나라에서 벌어진 끔찍한 상황에 절망적인 슬픔과 무력감만 느끼던 사람이 자신에게도 다른 이들의 삶을 변화시킬 행동을 취할 힘이 있음을 깨닫는 것이다.

그리고 이건 특정한 위기 상황에만 적용되는 게 아니라 일상 속의 모든 사소한 일에도 똑같이 적용된다.

통제 가능한 일과 불가능한 일

- 동료에 관한 험담을 늘어놓는 사람을 통제할 수는 없지만 당신이 그 험담에 가담할지, 말을 더 보탤지, 험담 대상이 된 이에게 알릴지 등은 스스로 통제 가능하다. 자신이 하는 말과 행동은 통제 가능하다는 뜻이다.

- 뉴스에서 보도하는 내용은 통제할 수 없지만 그 뉴스를 TV로 볼지, 라디오를 통해 들을지, 신문으로 읽을지, 인터넷에서 찾아볼지 등 뉴스에 접근하는 방식은 통제 가능하다. 또 뉴스를 확인하는 빈도(매시간, 하루 두 번, 휴대폰에 뉴스 알림 설정 등)나 시간대도 선택할 수 있다. 잠자리에 들기 직전에 뉴스를 보는 게 과연 숙면에 도움이 될까? 이 역시 당신이 통제할 수 있는 부분이다.

- 다른 사람이 SNS에 게시하는 내용을 가지고 이래라저래라 간섭할 수는 없지만 누구를 팔로우할지, 앱을 얼마나 자주 열어볼지, 얼마나 오래 릴스를 볼지, 확인한 게시물에 어떻게 반응할지 등은 통제 가능하다.

- 날씨는 통제할 수 없지만 무엇을 입을지, 우산을 가져갈지 말지, 예상치 못한 폭우에 어떻게 반응할지 등은 결정할 수 있다.

결국 우리가 가장 답답한 사실은 다른 이들을 통제할 수 없다는 점이지만 그래도 우리가 그들에게 반응하는 방식만은 통제 가능하다.

통제, 영향력, 수용을 삶에 적용하기

이제 자신의 힘으로 통제할 수 없다고 느끼는 일을 하나 떠올려본다. 그 일로 스트레스를 많이 받는다면, 10분간 '통제, 영향력, 수용'을 시도해보자.

모든 단계를 해봤다면, 자신이 통제할 수 없다는 생각 때문에 스트레스를 받았던 사람이나 사물에 대한 감정이 어떻게 달라졌는지 확인해보자.

어떤 문제가 반복된다면 이 활동을 하면서 사용했던 종이를 잘 보관해두면 도움이 된다. 그러면 다음에 같은 문제로 불안감을 느끼거나 스트레스를 받을 때 이 종이를 꺼내서 통제 가능한 건 무엇이고, 시간과 에너지, 지적 능력을 어디에 투자해야 하는지 되새길 수 있다.

─(한 문장 PICK UP)─

내가 통제 가능한 것에 집중하고 불가능한 것은 놓아버린다.

9

마음이 자유롭게
흐르도록 놔두기

이번에는 가장 간단하면서도 어렵고, 동시에 가장 유익하면서
도 매우 힘들 수도 있다.

　10분간 완전히 아무것도 하지 않아야 하기 때문이다. 어떤
행동이나 생각도 하면 안 된다.

　명상하거나 목록을 작성하거나 자신의 호흡에 집중하거나
감각에 유의하거나 긍정적인 말을 되뇌거나 음악을 듣거나 책
을 읽을 필요도 없다.

　그냥 마음이 자유롭게 흐르도록 내버려두자.

맙소사!

10분 동안 아무것도 하지 않는다는 생각에 당황할 수도 있다. 어떻게 아무것도 하지 않을 수가 있단 말인가?! 할 일이 이렇게 많은데 10분 동안 가만히 있는 건 이기적이고 게으르며 잘못된 행동 같다. 그 시간 동안 할 수 있는 일을 생각해보라!

그런데 정말 그게 이기적이고 게으르며 잘못된 행동인 걸까? 아니면 항상 바쁘고 생산적으로 살아야 하고, 그렇지 않으면 게으르고 이기적이고 잘못된 것이라고 평생 배워온 탓일까?

예전에는 지금처럼 휴대폰 하나에 온 세상을 담고 다니지 않았다. 줄을 서서 기다리거나 대기실에 있을 때 책이나 워크맨Walkman(이게 뭔지 기억나는가?!)이 없으면 가만히 생각에 잠길 수밖에 없었다. 하지만 이제 우리는 그런 습관에서 벗어났다. 지금은 경이로운 기술 발전 덕분에 항상 마음을 사로잡을 무언가를 찾을 수 있어서 우리의 뇌는 자유롭게 방황할 기회를 얻지 못하기 때문이다.

10분 동안 그냥 '가만히' 있었던 적이 얼마나 자주 있는지 생각해보자. 머릿속으로 생각하거나 글로 적으면서 목록을 만들거나 계획을 세우지 않고 과거의 대화 내용을 되뇌거나 분석하지 않고, 휴대폰을 보지 않고, 라디오를 듣거나 TV 앞에 멍하니 앉아 있지도 않고, 억지로 잠들려고 애쓰지도 않는 상태에서 말이다.

가장 최근에 생각이 자유롭게 흘러가도록 놔둔 건 언제쯤인가?

이 10분 동안 해야 할 일은 머리를 비우거나 생각을 억누르는 것이 아니다. 그저 마음이 가는 대로 생각이 흘러가는 대로 두면 된다. 생각의 고삐를 풀고 자유롭게 흐르도록 놓아두면 얼마나 다양하고 많은 생각이 머릿속에 떠오르는지 새삼 놀라게 될 것이다.

오늘 얻은 것

우리가 마음을 자유롭게 흘러가는 대로 두지 못하는 이유 중 하나는 두려움 때문이다. 원치 않는 불편한 생각과 감정이 들 경우 이를 어찌 처리해야 하는지 모르거나 감당하기 힘들까봐 망설이게 된다. 하지만 이런 두려움은 대부분 근거가 없다. 2022년에 일본과 영국에서 진행된 한 연구에서는 참가자들이 책이나 음악, 휴대폰이 없는 조용한 방에 앉아 최대 20분 동안 생각만 하게 요청했다. 결과는 놀라웠다. 연구를 마친 뒤 참가자들은 예상보다 훨씬 그 경험을 즐겼다고 말했다.[1]

또 다른 연구에 따르면, 마음이 두서없이 자유롭게 떠돌도록 놔두면 창의성과 문제 해결 능력을 높여준다고 한다.[2]

이런 연구 결과가 없더라도, 쉴새없이 돌아가는 일상이라는 회전목마에서 단 10분만 내려와 숨을 고르고 쉬면 훨씬 나아질 수 있다는 걸 직감적으로 안다. 하던 일을 잠깐 멈추고, 자신에게 아무것도 요구하지 않은 채 짧은 휴식을 허락하면 마치 리셋 버튼을 누른 듯한 효과를 느낄 수 있다.

그러니 타이머를 10분 뒤로 맞춰놓고, 앉거나 서거나 누운 자세에서 마음이 자유롭게 떠돌도록 그냥 내버려두자.

한 문장 PICK UP

내 마음이 자유롭게 흐르도록 내버려둔다.

10

일상
관리하기

꼭 해야 한다는 건 알지만 도무지 하기 싫은 지루하고 싫증나는 일이 있을 때 어떤 기분이 드는지 다들 잘 알 것이다. 그 기분은 악취처럼 주위를 맴돌고, 우리를 계속 따라다니면서 소매를 잡아당기고, 어깨에 앉아 귓가에 대고 계속 잔소리를 한다. 자잘한 일상 관리가 바로 그렇다.

자잘한 일상 관리란?

자잘한 일상 관리를 위해 해야 하는 일은 다음과 같다.

- 병원 예약(예: 시력 검사, 청력 검사, 건강 검진)
- 자동차 안전 검사 또는 정비 예약
- 인터넷 TV 수신 계약 갱신
- 보험 비교 또는 갱신(예: 주택 보험, 자동차 보험, 여행 보험, 건강 보험)
- 신용카드 대금 납부
- 각종 비용 납부(예: 헬스장, 학교, 멤버십)
- 원치 않는 구독 취소(예: 잡지, 스트리밍 서비스)
- 원치 않는 이메일 뉴스레터 구독 취소
- 신청서·지원서 작성(예: 여권, 입사 지원, 교육, 회원 가입)
- 서류 정리

자잘한 일상 관리는 성인이라면 으레 해야 하는 필수적이지만 지루한 일들로 구성돼 있는데, 우리가 어른이 되면 하게 될 거라고 어릴 때 기대했던 재미있는 일들과는 거리가 멀다. 유방조영술 검사를 예약하거나 주택담보대출 금리를 비교할 수 있는 나이가 되기를 갈망하며 나이 먹는 사람이 어디 있겠는가.

깔끔하게 정리해놓지 않아서 컴퓨터나 집 어딘가에 숨어 있는 이메일과 서류를 찾는 것, 필요한 계산을 하는 것, 전화를 걸고 기다리는 것 등도 모두 일상 관리의 일부다.

하지만 이런 재미없는 일상이 저절로 사라질 가능성은 없다. 오히려 무시할수록 상황이 더 나빠진다. 언젠가 처리해야 한다는 걸 알면서도 미루기만 하면 마음은 계속 불편하다. 또 하지 않은 일, 기억하지 못한 일로 자신을 질책하게 될 뿐이다. 그래서 오늘은 일상 관리 작업을 깔끔하게 정리하는 데 초점을 맞추고자 한다.

해야 할 일을 끝내고 목록에서 지우는 순간, 만족감과 성취감이라는 보상이 따라온다! 눈에 보이는 보상은 아니지만, 마침내 일을 끝냈다는 안도감은 매우 현실적으로 다가온다. 가슴을 짓누르던 부담감이 사라질 뿐만 아니라 그 일을 더 이상 기억해둘 필요가 없으니 머리도 가벼워지고 시간적인 여유도 생긴다. 1분이면 끝낼 수 있는 사소한 일조차도 그 일을 해야 한다는 생각만으로 시간과 에너지, 뇌의 처리 능력을 빼앗기 때문이다.

정해진 시간만 투자하기

일상 관리를 하려면 시간과 에너지를 많이 투자해야 한다고 생각해 일을 미루는 경우가 많다.

하지만 오늘은 딱 10분만 투자한다. 그 시간 동안 일을 얼마나 진행했든, 어느 정도 진척시켰든 간에, 아예 하지 않았을 때보다는 분명히 더 나아졌을 것이다.

어떤 일을 선택할까?

무슨 일을 할지 결정하느라 귀중한 시간을 허비할 필요는 없다! 딱 10분 안에 활용할 수 있는 방법이 있다.

1. 일상 관리를 위해 지금 처리해야 하는 일을 모두 적은 다음, 그중에서 금방 끝낼 수 있는 일을 하나 고른다. 단, 목록을 작성하는 데 몇 분 정도의 추가 시간이 걸릴 수 있다.
2. 가장 먼저 생각나는 일을 바로 시작한다.

물론 10분 안에 일을 한 가지 이상 처리하면 더 좋다! 그리고 일에 몰입해서 멈추고 싶지 않다면 시간이 허락하는 한 계속해도 좋다. 참고로, 완료한 일을 목록에서 하나씩 지울 때마다 뇌에서는 보상 호르몬인 도파민이 분비돼 기분이 좋아질 것이다.

완전히 끝내지 못했더라도, 10분 동안 해낸 작은 진전 덕분에 해야 할 일들이 조금씩 줄어들고 있다는 걸 기억하자. 그리고 서문에서 얘기한 미세한 개선 전략처럼 작은 10분이 모여 눈에 띄는 변화를 가져온다. 오늘의 10분 덕분에 아무것도 하지 않았을 때보다는 한 걸음 더 나아가게 된다.

시간이 다 됐을 때 어떤 기분이 드는지 자신에게 물어보자. 주어진 시간 안에 예상보다 많은 일을 해냈는가, 아니면 적게 해냈는가? 이 포인트에서 얻은 교훈 중에 다음에 일상 관리를 할 때 도움이 되는 게 있을까? 예를 들어, 어떤 업무는 생각보다 어렵지 않았는데도 미뤄둔 결과, 그 업무 자체보다 더 큰 불안을 만든 경우처럼 말이다.

한 문장 PICK UP

나는 느리지만 확실하게 일을 처리하고 있다.

11

감사 일기
쓰기

감사란, 고마운 마음을 표현하거나 지금 가진 것에 만족할 줄 아는 마음이다. 누군가 당신을 위해 문을 잡아주었을 때, 아침 창가에 햇살이 스며들었을 때, 맛있는 케이크 한 조각을 맛볼 때처럼 작은 순간에도 잠시 멈춰, 세상의 좋은 점을 인식하는 게 바로 감사다.

여기서 중요한 점은 잠시 멈춰 좋은 순간을 온전히 인식하고, 감사하는 것이다. 서둘러 문을 통과하면서 문을 잡아준 사람에게 대충 "고맙습니다"라며 중얼거리는 태도는 진정한 감사가 아니다. 문을 잡아주는 행동이 당연한 것이 아님을 인식하면서 상대방이 베푼 친절에 진심으로 고마워하는 것이 감사의 표현이다. 잠깐 사이에 지나가는 친절과 배려를 온전히 인식하기만 해도 그 행동에 더 강력하고 긍정적인 의미가 부여된다. 그래서 오늘은 감사를 표현하는 구체적인 방법에 집중해보려 한다.

감사란 단순히 다른 사람에게 예의 바르게 굴거나 자신의 삶이 다른 이들만큼 힘들지 않다고 자책하는 게 아니다. 살면서 나에게 도움을 주고, 나를 웃게 만들며, 내가 고마움을 느끼게 하는 사람과 순간이 무엇인지 인식하는 것이다. 이런 인식은 일상 속에서 더 많은 기쁨을 느끼게 해준다. 물론 그렇다고 해서 감사함을 느끼는 것이 세상의 고통이나 어려움을 인식하지 못하거나 힘든 이들에 대한 공감이 줄어든다는 뜻은 아니다.

지금 이 순간에 머물기

새로운 것을 시도하고 목표를 향해 나아가려는 의지는 물론 가치 있다. 하지만 친구가 더 많아져야 행복할 것 같고, 새로운 직장을 구해야만, 더 좋은 곳으로 이사를 해야만 삶이 나아질 거라고 생각하면, 지금의 삶에는 불만이나 심지어 원망까지 느끼게 된다. 지금보다 더 행복한 삶이 다음 모퉁이만 돌면 기다리고 있을 거라고 믿으며, 늘 그다음에는 더 나아지리라 기대하게 되는 것을 '목적지 중독destination addiction'이라고 한다.[1] 지금 자신의 삶에 있는 좋은 것들에 주의를 기울이고 감사하는 것이 현실에 안주하겠다는 뜻은 아니다. 오히려 그것은 끝없이 다음 목표를 향해 나아가야 한다는 강박을 줄이는 데 도움이 된다.

감사의 효과

과학적인 연구를 통해 감사의 효과를 시험한 결과, 의도적으로 감사를 실천할 때 어떤 특별한 이점이 있는지 알아냈다. 특히 감사에 대한 연구에 있어 세계적인 전문가인 로버트 에먼스 Robert Emmons는 꾸준히 감사를 실천할 경우 다음과 같은 긍정적 효과가 나타난다고 주장했다.

- 혈압 강화
- 면역 체계 강화
- 낙관주의와 행복감 같은 긍정적인 감정 고취
- 관대함과 연민 증가
- 외로움과 고립감 감소

이런 효과는 감사가 만들어내는 다양한 부수적 결과들 덕분일 것이다.

당연하게 여기는 일이 줄어든다

시간이 지나면 새로 산 물건, 새로 이사한 집, 새로 산 차에 익숙해져서 당연하게 여겨진다. 이를 '쾌락 적응hedonic adaptation' 이라고 한다.[3] 하지만 감사를 표현하면 그 순간의 즐거움을 만끽하고, 더 오랫동안 많은 기쁨과 만족감을 얻으며, 그 대상의 가치를 더 선명하게 느낄 수 있다.

부정성 편향negativity bias을 상쇄한다

인간은 선천적으로 나쁜 일에만 더 집중하고 좋은 일에는 별로 집중하지 않는 부정성 편향을 갖고 태어난다.[4] 심리학자 릭 핸슨Rick Hanson 박사는 "부정적 경험은 뇌에 찍찍이처럼 달라붙지만 긍정적 경험은 코팅 프라이팬처럼 아무 흔적도 남지 않는다"고 말했다.[5] 살면서 생기는 좋은 일에 의식적으로 감사를 느끼는 것은 뇌가 부정적인 일만이 아니라 긍정적인 일에도 집중하도록 훈련시키는 과정이다.

회복탄력성을 길러준다

회복탄력성은 힘들거나 나쁜 일이 절대 일어나지 않는다는 뜻이 아니며, 힘든 감정이나 시기를 억지로 견뎌나가라는 뜻도 아니다. 오히려 삶에 어려움이 닥쳤을 때 더 잘 대처하고 더 빨리 회복할 수 있는 힘을 의미한다. 연구에 따르면 매사에 감사함을 느끼고 그걸 잘 표현하는 사람은 심각한 시련이나 혼란

스러운 상황에서도 남들보다 빨리 대처하고 회복하는 경향이 있다.[6]

감사 실천하기

감사를 실천한다는 것은, 말 그대로 일정한 시간을 정해 주변의 사람과 사물을 인식하고, 인정하며, 감사하는 것이다. 감사를 실천하는 방법은 다양한데 가장 일반적인 방법은 '감사 일기 쓰기'다. 매일 감사하게 여겨지는 일들을 공책에 적으면 된다.

로버트 에먼스와 마이크 맥컬러프Mike McCullough는 사람들을 세 그룹으로 나눠 매일 일기를 쓰게 하는 통제 실험을 진행했다. 첫 번째 그룹은 그날 생긴 문제와 곤란한 상황, 두 번째 그룹은 그날 일어난 일 그리고 세 번째 그룹은 감사한 일을 최대 다섯 개까지 적으라고 했다. 그 결과, 감사한 일을 적은 그룹의 행복감과 삶의 만족도가 상당히 높아졌다.[7]

감사 일기 쓰는 법

- **종이에 기록하기** 이건 새 문구류를 살 수 있는 좋은 핑계거리다! 휴대폰이나 컴퓨터에 메모를 입력할 수도 있지만, 연구에 따르면,

감사한 일을 종이에 적으면 기억에 더욱 효과적으로 각인된다.[8] 그러니 이번 기회에 새로운 공책을 하나 장만해보자. 또한 감사한 일을 적어두면 힘든 일이 닥쳤을 때 이전에 썼던 페이지를 넘겨보면서 그동안 적어놓은 일들을 다시 볼 수 있다. '이번 주는 쓰레기 같은 일만 있었어'라는 기분이 들 때, 감사 일기를 통해 지난 며칠 동안 분명히 좋은 일도 있었다는 사실을 확인할 수 있을 것이다.

- **자세히 적기** 감사 일기를 제대로 활용하려면 최대한 자세히 적어야 한다. 무엇에 감사하는지 구체적으로 설명할수록 우리의 일상을 가득 채우는 사소한 일들을 더 잘 인식하고, 찰나의 순간에도 감사할 수 있다. 예를 들어, 단순히 "친구에게 고마웠다"고 적는 대신 "친구가 전화를 걸어 내 안부를 물어서 고마웠다"거나 "점심을 사줘서 고마웠다"고 구체적으로 적는다. 감사한 일이 반드시 거창할 필요는 없다. 오히려 사소한 것들이 삶을 이루며, 그런 것들이야말로 정말 힘들 때 우리가 매달릴 수 있는 버팀목이 된다. 또 막연하게 적기보다 구체적으로 적을수록 감사한 일을 더 많이 찾을 수 있다.

- **언제든 쉽게 적을 수 있는 위치에 두기** 감사 일기를 꾸준히 쓰고 싶다면 항상 같은 자리에 두는 것이 좋다. 예를 들어, 침대 옆 탁자나 내가 자주 사용하는 물건 옆에 두면 쉽게 찾을 수 있다. 감사 일기의 핵심은 지속성이므로 다른 습관과 연결해서 언제든 편하게 쓸 수 있도록 하자('31 습관 만들기' 참조).

이제 감사한 일 써보기

10분 동안 머리에 떠오르는 감사한 일을 최대한 많이 적어도 되고, 앞서 얘기한 실험에서처럼 최대 다섯 가지만 적어도 된다. 10분이 다 채워지지 않아도 괜찮다.

감사 일기에 반드시 중요하거나 '가치 있는' 내용만 쓸 필요는 없다. 아무것도 떠오르지 않는다면 일상 속 아주 사소한 일에 집중해보자.

- 좋아하는 TV 프로그램의 다음 시즌 방영이 결정됐다. 그 프로그램의 어떤 점이 마음에 들었는가?
- 따뜻한 차 한 잔을 끝까지 마실 수 있었다. 여유로운 시간을 보낸 기분이 어땠는가?
- 직장 동료가 당신의 농담에 웃었다. 그 일이 동료와의 소통이나 분위기에 어떤 영향을 미쳤는가?

감사 일기는 온전히 당신만을 위한 기록이다. 다른 사람에게 보여줄 필요도, 잘 쓰려고 애쓸 이유도 없다. 그저 그냥 쓰고 싶은 내용을 자유롭게 쓰자!

내 인생에는 감사할 일이 정말 많다.

12

명상하기

이번 주제는 명상이다. 명상을 처음 접하는 사람에게는 좋은 첫걸음이 될 것이다. 그리고 예전에 해봤지만 별로 와닿지 않았던 사람이라면, 이번 기회에 다시 한번 시도해보자.

명상에 관한 오해들

명상에 관한 몇 가지 오해를 없애는 것부터 시작해보자.

- 명상은 마음을 비우거나 머리를 백지 상태로 만드는 게 아니다. 직접 해보면 알겠지만 '비워야지'라고 생각하는

순간, '비움'이라는 단어가 생각날 것이다.

- 생각이나 감정을 억지로 없애려고 하는 게 아니다.
- 마음이 산만해지는 일은 자연스러우며, 그렇다고 해서 실패하거나 잘못하고 있는 게 아니다.
- 눈을 감고 책상다리를 하고 앉을 필요도 없다. 심지어 꼭 가만히 있지 않아도 없다.
- 억지로 만트라mantra 같은 주문을 중얼거릴 필요는 없다. 물론 원한다면 그래도 된다.
- 장시간 명상할 필요 없다. 10분을 채우지 않아도 충분히 효과적이다!

그럼 명상이란 도대체 무엇일까?

아주 간단히 말해, 명상은 모든 주의를 한 지점에 집중하는 행위다. 이로써 자신의 생각과 감정을 판단하지 않고, 감정에 얽매이지도 않은 채 가만히 관찰하는 법을 배운다.

화창한 날 공원에서 책을 읽고 있다고 상상해보자. 고개를 들면 구름이 하늘을 떠 다니는 모습이 보인다. 당신은 지금 구름 속에 들어가 있는 것도 아니다. 구름 속에 있으면 기분이 어떨지를 생각하지도 않는다. 구름이 없다고 부정하거나 구름이 더 빨리 움직이기를 바라지도 않는다. 그저 구름을 관찰하다가 다시 읽고 있던 책으로 시선을 돌린다.

이것이 바로 명상에서 생각을 대하는 방식이다. 명상 중에 마음이 다른 곳으로 향하는 것은 피할 수 없는 자연스러운 현상이다. 그럴 때는 '아, 생각이 다른 곳으로 흘러가고 있구나' 하고 알아차린 뒤, 그 생각을 하늘의 구름처럼 흘려보내고, 다시 집중하려는 지점으로 돌아오면 된다. 마음이 산만해지는 것은 명상에 실패한 것이 아니라 생각을 관찰하고 놓아주며 다시 집중 상태로 돌아오는 연습을 할 기회다.

이 과정을 반복하다 보면 다른 생각에 휘말리지 않고 중심을 잡을 수 있게 된다. 복잡한 생각 속에서 길을 잃거나, 과거를 자꾸 들춰내거나, 대화 내용을 반복해 떠올리거나, 앞으로 벌어질지도 모르는 일을 걱정하거나, 생각을 되새김질하는 사람에게 명상이 특히 도움이 된다. 명상 연습을 통해 부정적인 생각이나 걱정에 빠져드는 시간이 줄어들고, 그에 따라 스트레스도 덜 받을 수 있기 때문이다.

꾸준한 연습

명상의 이점은 연습과 반복에서 비롯된다. 하지만 매일 명상하지 않는 사람은 이 책을 읽을 필요가 없다는 뜻은 아니다! 우리는 단지 시도하고 있을 뿐이라는 걸 기억하고 부담감을 내려놓자.

이 책은 하루 10분 정도를 권장하지만 너무 길다고 생각되면 2분으로 줄여도 괜찮다. 매일 2분씩 꾸준히 명상하는 것이 가끔가다 10분씩 명상하는 것보다 더 큰 효과를 낸다.

연습을 거듭할수록 몸에 일어나는 감각에도 익숙해지고, 자기 생각과 감정을 인식했다가 그걸 놓아주고 다시 집중 상태로 돌아오는 것에도 점점 익숙해지게 된다.

명상의 이점

그렇다면 명상을 하면 무엇을 얻을 수 있을까? 명상은 수천 년의 역사를 지닌 오랜 수행법이다. 기록으로는 기원전 1500년경 인도 문헌에 이미 등장하며, 심지어 기원전 5000년 경의 벽화에서도 명상하는 모습이 발견된다.[1] 이렇게 오랜 세월 이어져 왔다는 것은 그 안에 분명 특별한 가치가 있다는 것이다.

당연히 서양 과학자들도 명상하는 동안 뇌에서 어떤 일이 일어나는지 알아내려고 명상을 열심히 연구해왔다.

- 스탠퍼드대학교 연구진은, 명상이 심박수와 혈압을 낮춰 스트레스 수치도 줄여준다는 사실을 발견했다.[2]
- 매사추세츠대학교 의과대학 연구진은 미국의 존 카밧진 Jon Kabat-Zinn 교수가 개발한 '마음챙김에 근거한 스트레스 완화법MBSR'을 활용해 연구를 진행했다. 이 연구에서

임상적으로 불안 수준이 높은 사람들 중 90퍼센트가 마음챙김 명상을 실천한 후 불안이 현저히 감소한 것으로 나타났다.[3]

- 규칙적인 명상 습관은 수면의 질을 개선하며[4] 집중력과 작업 기억력을 향상시킨다는 연구 결과도 있다![5]

부드럽게, 천천히

매일 바쁘게 살다 보면 아무것도 하지 않은 채 한 가지에만 집중하는 일이 꽤나 이상하게 느껴질 수 있다. 명상을 시작하면 세상이 고요해지면서 평소에는 알아차리지 못했거나 어쩌면 알고 싶지 않았던 생각이나 감정을 인식하게 된다.

안절부절못하는 기분이 들거나 고요함이 불편하다면 그건 머릿속에 많은 생각이 떠오르거나 몸의 감각이 더 선명하게 느껴지기 때문이다. 이럴 때는 스스로를 다그치지 말고 부드럽게 대해야 한다.

그런 경험은 정상이다. 명상을 못하고 있다는 신호도, 뭔가 잘못됐다는 의미도 아니다. 단지 당신의 세상이 고요해지면서 이전에는 알아차리지 못했던 것을 인식하게 됐을 뿐이다. 이것이 낯설고 새로운 경험이라는 걸 인정하고 떠오르는 생각이나 감정이 어떤 것이든 있는 그대로 받아들이자. 그리고 다시 부드럽게 집중했던 지점으로 주의를 돌려보자. 어쩌면 이런 일은 계속해서 반복될 것이다. 그래도 괜찮다. 이 모든 것은 과정의 일부이자 하나의 경험일 뿐이다. 그러니 다시 한 번, 자신의 생각과 신체 감각을 인정하고 명상에 집중하면 된다.

때로는 오디오 가이드 명상이 도움이 될 수 있다. 명상 과정을 이끌어 주는 음성에만 집중하면 되기 때문이다.

간단한 명상법

명상에는 다양한 방법이 있고 관련 앱도 무수히 많으므로 현재 기분이나 시간, 명상으로 얻고 싶은 효과 등에 맞춰 자신에게 알맞은 명상법을 고를 수 있다.

숙면을 돕는 명상, 자신감을 북돋는 명상, 자기 연민을 기르는 명상, 몸을 움직이며 하는 명상도 있다. 음악이나 종 소리에 귀를 기울일 수도 있고, 명상 수행을 한 날짜를 기록할 수도 있으며 심지어 세계 반대편에 있는 사람들과 함께 명상할 수도 있다!

지금 해보자

지금 바로 간단한 명상을 시도해보자. 단, 운전 중이거나 기계를 다루는 중이라면 피하자. 펄펄 끓는 주전자를 들고 있다면 잠시 내려놓는 게 좋다. 타이머를 10분으로 설정해도 좋고, 타이머 때문에 압박감을 느끼고 싶지 않다면 휴대폰에 있는 스톱워치를 켜고 시작한 뒤, 나중에 끝나면 시간이 얼마나 지났는지 정도만 확인해도 된다.

- 앉거나 서거나 자리에 눕는다. 원하면 눈을 감아도 된다. 다만, 서서 할 때는 눈을 감지 말고, 시선을 바닥의 한 지점에 두고 그곳에 집중한다. 그러면 시야에 들어오는 다른 물체에 주의를 덜 빼앗긴다. 지금 있는 곳이 어디든 귀에 들리는 소리에 집중한다. 그 소리에 대해 어떤 판단도 내릴 필요는 없다. 그냥 소리를 알아차리기만 하면 된다.

- 이제 지금 취한 자세에서 몸의 어느 부분이 다른 물체와 접촉하고 있는지 주의를 기울이자. 예를 들어, 서 있을 때는 발바닥이 땅을 누르는 걸 느끼고, 어쩌면 한쪽 발에 체중이 더 실려 있는 느낌을 알아차린다. 의자에 앉아 있다면 허벅지 뒤쪽이 좌석에 닿거나 팔꿈치가 의자 팔걸이에 닿는 감각을 느낀다.

- 생각이 다른 데로 흐를 때가 있을 텐데 그래도 상관없다. 주의가 산만해진 것을 알아차리면, 부드럽게 다시 몸으로 주의를 돌리자.

- 누워 있다면 몸의 어느 부분이 침대나 소파 혹은 바닥과 접촉하고 있는지 느껴보자. 예를 들어, 머리가 한쪽으로

기울어져 베개에 한쪽 귀가 눌려 있을 수도 있다. 그 상황을 판단하거나 바꾸려 하지 말고 그냥 관찰하기만 하면 된다.

- 이제 호흡 쪽으로 관심을 돌리자. 호흡을 억지로 바꾸지 말고 그냥 공기가 몸속으로 들어왔다가 나가는 것만 느끼면 된다. 가장 잘 느껴지는 부분이 가슴의 오르내림일 수도 있고, 배가 부풀어 올랐다 꺼지는 느낌일 수도 있으며, 코로 공기가 드나드는 느낌일 수도 있다. 아무것도 바꾸려 하지 말고, 호흡 방식이 어떻다는 판단도 하지 않으며, 그냥 숨이 들어오고 나가는 자연스러운 리듬을 그대로 따라가자.
- 이번에도 마음이 산만해진 게 느껴지면 부드럽게 호흡으로 관심을 돌리자.
- 원하는 만큼 호흡을 계속해서 관찰해도 된다.
- 이제 준비가 되면 주의를 주변으로 넓혀서 자기 몸과 들리는 소리, 지금 자신이 있는 공간을 의식하자.

자, 이제 명상이 끝났다! 가볍게 스트레칭을 하거나 크게 하품하거나 물을 한 모금 마셔도 좋다. 그리고 명상을 얼마나 했는지 시간을 확인해보자.

실생활에 어떤 도움이 될까?

명상을 멈추고 다시 일상으로 돌아오면, 명상이 현실과 조금 동떨어진 추상적인 활동처럼 느껴질 수 있다. 하지만 어쩌면 이 때가 하루 중 유일하게 깊이 평온해질 수 있는 시간일지도 모른다. 명상 중에 다른 생각에 빠져드는 걸 알아차리면, 일상생활 중에도 자신이 어떤 생각에 빠져 있는지 인지하는 능력을 기를 수 있다. 그리고 어떤 생각이 자꾸 떠오르거나, 반복해서 곱씹거나, 조바심이 난다는 것을 알아차리기만 해도 스스로를 진정시키고 스트레스를 낮추기 위한 조치를 취하게 된다.

일례로 출근길에 곧 있을 회의에 대한 걱정으로 머릿속이 복잡하다면, 회사에 도착할 즈음엔 이미 기진맥진한 상태일 것이다. 하지만 명상을 통해 생각을 알아차리는 방법을 배우면 자신이 회의 걱정에 잠겨 있다는 걸 쉽게 인식해 다음을 선택할 수 있다. 계속 그 생각을 곱씹으며 스트레스 상태에 머물지, 아니면 걷고 있는 주변 풍경으로 관심을 돌려서 스트레스를 해소할 기회를 얻을지 말이다.

당신을 위한 아이디어

- 명상을 시작하기 전과 끝난 직후의 기분을 각각 기록해보자. 무엇이 달라졌는가?
- 며칠 동안 연속으로 명상을 해보고, 매일 같은 방식으로

변화를 기록해보자. 어떤 차이가 느껴지는가?

- 하루 중 서로 다른 시간대, 다양한 장소에서 짧게 혹은 길게 명상을 연습하면서 자신의 경험을 기록해보자.
- 다양한 명상 관련 앱을 활용해 명상 습관을 들여보자.

(한 문장 PICK UP)

마음이 산만해지는 것은 자연스러운 일이다.

13

거절
연습하기

'아니오'라고 말하는 데는 몇 초면 충분하다. 하지만 누구에게
도 거절을 못하거나, 어떤 부탁도 마다하지 못하거나, 경계를
확실히 세우는 데 어려움을 겪는 사람에게는, 실제로 '아니오'
라고 말하기까지 많은 고민과 용기가 필요하다('4 경계 설정하
기' 참조).

　오늘의 10분은 무엇에 '아니오'라고 말하고 싶은지 그리고
그걸 어떻게 말할지 생각하는 데 써보자. 그다음, 오늘 하루 안
에 당장 실천해보자.

　처음부터 분명히 말해두지만 '예'라고 말하는 것도 나쁜 일
은 아니다. 요청에 기꺼이 응하면 기분이 좋고, 편안하고, 다른
사람에게 도움이 되고, 나와 다른 사람을 행복하게 할 수도 있

다. 하지만 '예'라는 말이 다른 사람을 기쁘게 하더라도 당신의 기쁨과 평화를 희생했다면 그건 바람직하지 않다.

싫더라도 '예'라고 해야 상대와 더 가까워질 거라 생각하지만, 사실은 그 반대다. 진짜는 '아니오'인데 억지로 '예'라고 하면, 오히려 상대와 멀어지고 원치 않는 일을 해야 한다는 사실에 원망스럽고 화가 나기도 한다.

거절은 힘들다

오랫동안 거절하기 힘들어서 늘 요청을 받아들였고, 주변 사람들도 그런 당신에게 익숙하다면 이제 와서 '아니오'라고 말하기가 꽤 힘들 수 있다. 하지만 기억하자. '아니오'라고 말하겠다고 해서 다시는 '예'라고 하지 않겠다거나, 상대방을 전혀 고려하지 않고 무조건 거절하겠다는 뜻은 아니다.

누군가 당신에게 요청을 한다면 그건 말 그대로 그저 '요청'일 뿐이다. 요청이 명령이라고 생각하지 말자. 사실 상대방은 그냥 한번 이야기해보는 것일 수도 있다. 특히 압박감이 느껴질 때일수록, 바로 대답하지 말고 "생각해보고 알려줄게요" 하고 시간을 벌어두는 것도 방법이다. 이렇게 하면 나중에 후회할지도 모르는 자동적인 '예'를 피하는 동시에 선뜻 말하기 어려운 '아니오'는 아직 하지 않아도 된다. 또 상대방에게도 이 요청에 대한 대답이 승낙과 거절, 어느 쪽이든 될 수 있다는 점을 인식하게 해줘서, 당연히 승낙할 거라고 지레짐작하지 않게 해준다. 그런 다음 나중에 대답할 준비가 됐을 때 원한다면 '아니오'라고 말할 수 있다. 승낙했다가 나중에 말을 바꾸면 당신에게는 스트레스를, 상대방에게는 혼란을 줄 수 있다.

거절하는 이유를 설명하고 핑계를 대야 한다는 생각이 들 수도 있다. 그런 설명이 상대방에게 도움이 된다고 여기지만 오히려 거절에 대한 확신이 없다는 인상을 줄 수도 있다. 정작 당신도 거절한 이유에 확신이 없는데 상대방이 그 말을 진심으로 받아들이겠는가?

상대방은 그런 어설픈 해명을 거절을 승낙으로 바꾸게 도와달라는 뜻으로 받아들일 수도 있다. 그들은 당신이 거절할 필요가 없는 이유와 대신 승낙을 얻어낼 방법을 찾으려고 할 것이다. 다시 말해, 부드럽게 거절하려고 덧붙인 설명이 상대에게 협상의 여지가 있다고 착각하게 만들어 역효과가 날 수 있다. 사실 내 마음은 협상의 대상이 아닌데도 말이다!

거절은 짧고 간략하게

거절할 때는 말수가 적을수록 좋다. 미소 띤 얼굴로 짧고 간략하게 거절하자.

초대를 거절할 때는 "초대해주셔서 감사하지만 이번에는 못 갈 것 같아요. 즐거운 시간 보내세요"라고 명확하게 말하는 게 좋다. 이 대답은 친절한 동시에 더 이상 논의가 필요 없다는 메시지를 분명하게 전해준다.

도와달라는 요청을 받았을 때 "미안하지만 이번에는 도와드릴 수가 없겠네요"라고 말하면 거절하는 분위기가 좀 부드러워진다. 다시는 도와주지 않겠다고 못 박은 게 아니라, 지금은 아니지만 나중에는 도와줄 수도 있다는 여지를 남겨두는 방식이기 때문이다.

> ### 미안하지만, 사실 미안할 일은 아니다
> '아니오'라고 말할 때 '미안해요'라는 말을 덧붙이는 것이 말하기를 더 편하게 만들어준다면, 그렇게 해도 괜찮다. 하지만 누군가의 부탁을 거절하기로 한 당신의 결정은 사과할 일이 아니다. 무엇을 수락하거나 거절하는 것은 전적으로 당신의 선택이며, 그 선택을 했다고 해서 굳이 사과할 필요는 없다.

원칙과 경계 정하기

거절할 때 유용한 또 하나의 방법은 '원칙화'다. 원칙이 정해져 있으면 개인적인 거절이 아니라 특정 상황에 대한 일관된 태도로 보이므로 덜 사적인 감정으로 느껴진다. 예를 들어, "점심 시간에는 일을 완전히 쉬는 게 제 원칙입니다"라든가 "주말은 가족과 함께 보내는 걸 원칙으로 정해뒀습니다"라고 말할 수 있다.

'4 경계 설정하기'에서 우리는 이미 경계라는 중요한 주제를 살펴보면서 자신만의 경계를 정해봤다. 기억을 떠올려 참고해보자.

뒤집어서 생각하기

원하지 않지만 '예'라고 말하면, 결국 다른 어떤 일에는 '아니오'라고 말하는 셈이다. '예'라는 한 마디가 어떤 결과를 가져오는지, 우리로 하여금 무엇을 포기하게 하는지 생각해보자.

예를 들어, 마감일이 촉박해서 평소보다 업무를 더 많이 맡아달라는 요청에 '예'라고 말하면, 가족과 함께 저녁을 먹으려고 제시간에 퇴근하는 것을 포기하는 것이다. 또 누군가 "커피 한 잔 하자"고 할 때 '예'라고 답하면, 당신이 원했던 혼자 조용히 책 읽으며 차를 마실 시간에는 '아니오'라고 하는 셈이다.

> ### 거절을 자연스럽게 말하는 법
> • 처음부터 곧바로 딱 잘라 거절하는 방식으로 시작할 필요는 없다. 너무 부담스럽지 않은 사소한 요청부터 '아

니오'라고 말해보자.

- "생각해보고 말씀드리겠습니다"라고 말하며 시간을 벌자.

- '원칙'을 내세우면, 사람을 거절하는 것이 아니라 그 행동을 거절하는 것이다.

- 자기 입장을 해명할 필요는 없다. 거절은 그 자체로 완결된 문장이다. 초대나 부탁, 요구를 거부할 권리는 누구에게나 있으며, 그렇다고 해서 이기적인 사람이 되지 않는다.

불편한 기분에 익숙해지기

어릴 때는 물론이고 사회에 나온 뒤에도 남의 부탁을 들어주는 게 도움이 되고 이타적이며 착한 행동이라고 배워왔다면, 거절의 말을 꺼내기가 쉽지 않다. '아니오'라는 말은 때로 불편한 감정을 불러일으키는데, 그것은 거절이 잘못된 행동이어서가 아니라 단지 익숙하지 않기 때문이다. 좋은 소식은, 거절도 하면 할수록 점점 더 쉬워진다는 것이다.

이제 원치 않는 일을 거절할 수 있는 방법을 다 알려주었으니 실행에 옮길 때가 됐다!

10가지 거절의 말

1. 괜찮아요, 그래도 물어봐주셔서 감사합니다.

2. 이번에는 안 되겠네요. 상황이 바뀌면 알려드릴게요.

3. 아니요, 저는 그 일에 함께하지 못하겠습니다. 일이 잘 되길 바랍니다.

4. 죄송하지만, 그 일은 도와드릴 수 없어요.

5. 친절하게 말씀해주셔서 고맙지만 이번에는 힘들겠네요.

6. 제 원칙상 그 일은 도와드릴 수 없겠네요.

7. 이번에는 힘들겠네요.

8. 지금은 일이 너무 많아서 새로운 걸 더할 수가 없어요.

9. 물어봐주셔서 감사하지만, 그건 저와는 맞지 않습니다.

10. 지금은 여력이 없어 안 되겠습니다.

한 문장 PICK UP

"아니오"는 더 이상의 설명이 필요 없는 완전한 문장이다.

14

마음챙김
산책하기

이번엔 밖으로 나가보자! 10분간 걸으면서 마음챙김을 실천할 것이다.

이 단계만을 위해 일부러 산책을 나가도 되고, 이미 매일 하고 있는 걷기에 자연스럽게 끼워 넣어도 된다. 지하철역이나 버스 정류장까지 가는 길, 장보러 가는 길, 출퇴근길 모두 가능하다. 가능하다면 첫 시도만큼은 혼자서 걸어보자(반려견도 함께하지 않는 것이 좋다). 그래야 10분간 마음챙김에 온전히 집중할 수 있다.

마음챙김 산책을 하겠다고 특별한 장소에 갈 필요는 없다. 붐비는 도시 한복판이든, 조용한 교외 거리든, 한적한 시골이든 상관없다. 어떤 산책이든 마음챙김 산책으로 만들 수 있다.

산책에 마음챙김을 적용하기

걷는 동안 어디에 주의를 집중하느냐에 따라 마음챙김 산책이 될 수도 있고 아닐 수도 있다. 산책 시간은 고민을 정리하거나 앞으로의 계획을 세우는 데 유용하다. 하지만 같은 생각만 되풀이하느라 아무런 결론도 내지 못할 때가 있는데, 그런 상태는 전혀 도움이 되지 않는다. 이럴 때 산책에 마음챙김을 적용하면 반복된 고민에서 벗어나 지금 이 순간으로 돌아오게 해주므로 유익하다.

마음챙김 산책을 할 때는 눈앞에서 벌어지는 일, 그 자리에서 보고, 듣고, 냄새 맡고, 만질 수 있는 것에 주의를 기울인다. 그러면 머릿속 생각에서 벗어나 현실에 집중하게 된다. 전에 나눈 대화나 이메일 내용, 앞으로 할 회의, 할 일 목록에 있는 어떤 일을 곱씹는 걸 멈추고 현재에 머물며 지금 이 순간을 있는 그대로 경험한다.

마음챙김 산책을 하면 자연에 둘러싸여 있든 아니면 시끄럽고 부산한 도로 한가운데 있든 상관없이 자신이 살고 있는 흥미롭고, 아름답고, 때로는 기발한 세상에 눈뜨게 된다. 우리 주변에는 매혹적인 세상이 펼쳐져 있지만 생각에 빠져 주변을 둘러보지 않아 많은 걸 놓치곤 한다. 1980년대 영화 〈페리스의 해방〉의 주인공 페리스 뷰엘러Ferris Bueller는 이렇게 말했다. "인생은 정말 빠르게 움직여. 가끔 한번쯤 멈춰 돌아보지 않으면, 그냥 지나가버려." 누가 페리스의 말에 반박할 수 있겠는 가?

마음챙김의 긍정적인 영향은 같은 생각을 되풀이하는 걸 막는 데만 있지 않다. 연구에 따르면 마음챙김 산책은 우울증 과 불안감, 스트레스를 줄이며,[1] 삶의 만족감을 높여준다고 한 다.[2]

준비물

당신이다! 특정한 속도로 걸을 필요도 없고 무언가를 가지고 다닐 필요도 없다. 마음에 드는 옷을 입고 좋아하는 장소에서 걸으면 된다. 산책을 마음챙김으로 만드는 건 주변 환경이 아 니라 바로 당신이다.

마음챙김 산책하는 법

❶ **몸에서 느껴지는 감각을 인식한다.**
   • 옷이 피부에 닿는 촉감, 걸을 때마다 발이 땅을 딛는 느낌, 얼굴에 닿 는 바람이나 햇살을 느낄 수 있는가?
   • 어깨가 움츠러들어 있는가, 아니면 양팔이 몸통 옆에서 자연스 럽게 흔들리고 있는가?
   • 이때 중요한 것은 판단하거나 바꾸려 하지 말고 걷는 동안 몸의 각

부분이 어떤 느낌을 주는지 관찰하기만 하면 된다.

❷ 눈에 보이는 것들에 주의를 기울인다.

- 나무, 덤불, 꽃, 가게, 건물, 사람, 차량 등이 보일 것이다.

- 집중에 도움이 된다면 색깔이나, 가게 이름, 차량 종류, 건축 자재, 새 등 눈에 보이는 것을 머릿속으로 또는 작게 소리 내어 말해보자.

- 보이는 것을 판단하거나 평가하지 말자. 그냥 주변에 보이는 것을 있는 그대로 관찰하면 된다.

- 시선을 옮겨가며 최대한 많은 광경을 눈에 담는다.

- 시선을 아래로 내리면 무엇이 보이는가? 포장도로의 균열이나 화단, 물웅덩이 같은 게 보일지도 모른다.

- 위를 올려다보면 무엇이 보이는가? 하늘의 구름이나 건물 지붕이 보일 수 있다.

❸ 걷는 속도를 늦추거나 아예 멈추고, 눈길이 가는 대상을 하나 골라 집중해본다.

- 예를 들어, 가게 진열창을 골랐다면, 무엇이 진열돼 있는가? 그 중 어떤 게 판매하는 제품이고, 어떤 게 진열용 소품인지 구분할 수 있는가? 다양한 크기와 색깔, 질감이 어떻게 다른지 관찰한다. 유리가 깨끗한가, 아니면 얼룩졌는가? 창틀은 새로 칠했는가, 아니면 색이 벗겨졌는가?

- 혹시 공원 같은 녹지 공간에 있다면, 나무 한 그루나 덤불의 한 부분을 자세히 관찰해보자. 잎의 색깔과 모양은 어떤가? 이파리

사이의 공간은 어떤지 관찰하자. 다른 식물이 섞여 있는가? 곤충이나 새의 흔적이 보이는가? 그 나무에서 살거나 자라고 있는 것이 있는가?

❹ 다시 걸으면서 다른 감각에 주의를 기울인다.

- 무슨 소리가 들리는가? 각각의 소리가 어디서 오는지 구분해보자.
- 어떤 특정한 향이 나는가? 그것이 어디서 나는지 살펴보자.

❺ 마음챙김 산책을 마무리하면서 주변 환경을 전체적으로 느껴본다.

- 눈에 보이는 색과 모양
- 귀에 들리는 소리
- 코로 맡을 수 있는 향
- 피부로 느껴지는 감각
- 지금 이 순간, 바로 이곳에서 느껴지는 감정

마음이 산만해지는 순간

마음챙김 산책을 하다 보면 마음이 여러 갈래로 흩어졌다가 다시 돌아오는 경험을 하게 된다. 이는 자연스러운 일이며, 마음챙김을 시도하는 과정의 일부다. 마음이 산만해지는 걸 알아차리고 다시 집중 상태로 돌아오는 것, 그게 바로 마음챙김이다.

주의가 흐트러졌다는 걸 깨달아도 스스로를 탓하지 말라. 당신은 잘못하지 않았다. 그냥 마음이 산만해진 것을 알아차리고 마지막으로 집중했던 지점으로 주의를 돌리면 된다.

만약 집중력을 완전히 잃었다면 현재 이 순간에 다시 집중할 수 있는 방법을 시도해보자.

- 감각을 통해 확인한다. 지금 보고, 듣고, 냄새 맡고, 피부로 느껴지는 감각에 주목한다.
- 감각을 통해 알아차린 것을 큰 소리로 말한다. 다른 사람이 듣는 걸 원치 않으면 조용히 말해도 된다(예: 빨간 문, 자동차 엔진 소리, 베이컨 굽는 냄새, 얼굴에 닿는 산들바람).
- 호흡에 집중한다. 숨을 들이마시고 내쉴 때 가슴과 배에서 느껴지는 움직임을 알아차린다.

마음챙김 산책을 많이 해볼수록 마음이 산만해지는 순간을 더 빨리 알아차리고 다시 집중 상태로 돌아오기가 쉬워진다. 그리고 현재에 집중할 수 있는 시간도 길어진다.

어딘가에 자랑할 만한 특별한 순간일 필요는 없다
마음챙김 산책을 하는 동안 사진을 찍고 싶을 수도 있다.

눈길을 사로잡거나 흥미로운 대상을 발견하여 그것을 사진으로 남기려고 잠시 발길을 멈추는 것은 그 순간의 경험에 집중하는 데 도움이 된다.

하지만 사진을 찍은 뒤에 곧바로 편집하고 설명을 적어 SNS에 업로드한 뒤 다른 사람들이 사진을 어떻게 생각할지 상상하면서 '좋아요'와 댓글을 기다리는 것은 마음챙김 산책에 도움이 되지 않는다. 현재에 집중하라. 마음챙김 산책은 고작 10분에 불과하다. 사진을 올리고 싶다면, 이 10분이 끝나고 해도 늦지 않다.

세상이 열리다

마음챙김 산책에는 집을 나설 때마다 언제든지 시도할 수 있다는 장점이 있다. 잠깐 가게나 우체국에 들를 때처럼 짧은 외출 중에도 같은 과정을 진행할 수 있다. 걸으면서 주변 세상을 의식하는 게 즐겁다면 시간에 구애될 필요 없이 걷고 싶은 만큼 계속해도 상관없다!

주변을 둘러보고 걸으면서 주변 풍경에 관심을 기울이면 정교하게 세공된 철제 난간, 창문가의 고양이, 오래된 담쟁이덩

굴로 뒤덮인 나무, 막 피려고 하는 꽃봉오리, 졸졸 흐르는 시냇물 소리 등 이전에 놓쳤던 것을 발견할 수 있다.

한 문장 PICK UP

나는 지금 이 순간 바로 이곳에 있다.

15

아침 루틴
만들기

하루를 시작하기 전, 시도해볼 만한 자신을 위한 아주 작은 루틴을 만들어보자.

아침에 눈을 뜨는 순간부터 하루가 어떻게 지나갔는지 모르게 쏜살같이 시간이 흐르는 경우가 많다. 휴대폰에는 메시지나 각종 알림이 쌓여 있고, 아이들은 배고프다며 먹을 걸 기다리고, 입을 옷은 없고, 아침 일찍부터 회의가 예정돼 있다. 요가나 명상, 일기 쓰기('12 명상하기'와 '30 자유롭게 끄적여보기' 참조) 또는 가볍게 달리기를 하거나 커피 한 잔의 여유를 즐기고 싶지만, 바쁜 아침에 나를 위한 시간을 따로 내는 것은 불가능해 보인다.

결국 하고 싶었던 일은 하나도 하지 못한 채, 아침부터 서두르고 스트레스를 받으며 뒤처진 기분으로 하루를 시작하게 된다.

만약 다른 방법이 있다면 어떨까? 알람을 몇 개씩 설정해두지 않아도 되고 세상과 단절된 산속 오두막에 들어가지 않아도 되는, 차분하고 의도적인 마음으로 하루를 시작할 수 있는 절충안이 있을까?

잠자리에서 일어나 하루를 시작하기 전에 해볼 수 있는 방법 세 가지가 있다. 세 가지를 다 해도 10분이면 충분하다. 시간이 정말 없다면, 그중 하나만 골라 1분만 투자해도 된다. 그리고 그 1분의 활동이 자신에게 어떤 영향을 주는지 직접 확인해보자. 이 포인트는 하루의 시작을 위해 설계됐으므로 지금 미리 읽어두고 내일 아침에 실행하길 추천한다.

첫째, 감사한 것 말하기

잠에서 깨자마자 지금 얼마나 기운이 없는지, 잠을 얼마나 조금 잤는지, 시간은 없는데 할 일은 얼마나 많은지 같은 생각이 든다면, 불평하기 전에 잠시 자신이 실제로 가진 것에 집중해보자. "입 다물고 가진 것에 감사해야지" 같은 생각을 강요하는 게 아니다. 아침부터 죄책감을 느끼는 건 좋은 일이 아니다.

당신은 어떤 기분이든 느낄 수 있고, 피곤한 건 피곤한 대로, 할 일이 많은 건 많은 대로 그대로 인정해도 괜찮다. 단지 이 포인트의 목적은 '내 삶의 좋은 부분들'이 머릿속에 자리하도록 약간의 공간을 마련해주려는 것이다.

잠에서 깨면 눈을 뜨기 전에 지금 이 순간 감사하게 느껴지는 일 다섯 가지를 말해보자. 내용이 구체적일수록 더욱 좋다('11 감사 일기 쓰기' 참조). 예를 들어보자.

❶ 편안하게 잠들 수 있는 따뜻한 침대
❷ 어젯밤에 친구가 보내준 문자 메시지
❸ 지금 라디오에서 나오는 좋아하는 노래
❹ 어젯밤, 동화책을 다 읽기도 전에 잠든 아이
❺ 제시간에 끝난 어제의 회의

어떤 날은 감사할 일 다섯 가지가 금세 떠오를 수도 있고, 어떤 날은 조금 시간이 걸릴 수도 있다. 그래도 꼭 다섯 가지를 채워보자. 더 많이 떠오른다면 그것도 좋다. 마음속으로 조용히 되뇌어도 되고, 큰 소리로 말해도 상관없다. 혼자 속삭이거나 가족들과 함께 나누어도 좋다.

둘째, 기대되는 일 목록 만들기

감사한 일들을 되돌아본 다음에는, 앞으로 다가올 즐거운 일을 생각해보자. 명절이나 기념일처럼 거창하지 않아도 괜찮으며 작고 개인적이어도 상관없다.

너무 사소하며 바보 같다고 생각되어도 정말 기다려지는 일이라면 꼭 적자! 다른 사람이 보기에 하찮아 보일지라도 상관없다. 이건 다른 사람의 목록이 아니라 당신의 목록이다. 생각만으로도 미소가 지어지거나 마음이 설렌다면, 그것만으로도 충분하다.

기대하는 일 다섯 가지를 생각하는데 가능하면 한두 달 뒤가 아니라 가까운 미래에 일어날 일을 골라야 한다. 사실 오늘 안에 일어날 일이 가장 좋다. 그래야 기대하는 기쁨이 더해진다.

예를 들어, 오늘 기대할 수 있는 다섯 가지는 이런 것들일 수도 있다.

❶ 세일할 때 산 새 코트 입기
❷ 점심시간에 공원 산책하기
❸ 좋아하는 팟캐스트의 새 에피소드 듣기
❹ 반려견을 안아주기
❺ 오늘 배우자가 가족을 위해 해주는 요리 먹기

오늘 기대하는 일, 크든 작든 앞으로 몇 시간 안에 느끼게 될 기쁨 그리고 평온함이나 유대감을 안겨주는 순간에 잠시 집중한다고 해서 오늘 있을 어려움이나 스트레스를 외면하겠다는 뜻은 아니다. 그저 하루의 빛과 어둠을 모두 인정할 기회를 스스로에게 주는 것뿐이다.

그리고 이런 넓고 균형 잡힌 시각으로 하루를 시작하면 괜히 짜증이 나거나 뒤처진 기분을 느끼는 대신 무슨 일이 생겨도 긍정적으로 대처할 가능성이 커진다. 직접 확인하길 바란다.

셋째, 목표를 담은 만트라 정하기

만트라는 머릿속에서 조용히 되뇌는 단어나 문장을 말한다. 어떤 만트라인지에 따라 자신에게 주는 메시지는 긍정적일 수도 있고, 부정적일 수도 있다. 생각해보면 우리는 무의식적으로 "피곤하다", "지루해", "이 바보야" 같은 만트라를 속으로 계속 되뇌어왔을지도 모른다.

이런 말들은 단순히 스쳐지나가는 생각이 아니라 자신에게 반복적으로 보내는 메시지가 되어 내면에 스며든다. "이 바보야"같은 말을 되뇌면, 새로운 경험을 하거나 문제를 해결하거나 목표를 달성하는데 필요한 자기 신뢰와 자신감을 갖기 더 어려워진다.

이건 쾌활한 척하거나, 피곤하지 않은 척하거나, 힘든 하루가 기다리고 있다는 사실을 외면하려는 게 아니다. 자신이 처한 현실과 감정을 있는 그대로 인정하는 동시에 오늘 어떤 기분을 느끼면서 하루를 어떻게 보내고 싶은지 생각하는 것이다.

먼저 오늘 하루를 보내며 어떤 기분을 느끼고 싶은지, 어떤 모습으로 행동하고 싶은지부터 생각해보자. 가볍게, 장난기 있게, 혹은 용감하게 느끼고 싶을 수도 있고 강인함과 집중력, 인내심을 발휘하고 싶을 수도 있다. '1 인생 키워드 찾기'에서 선택한 인생 키워드를 사용해도 되고 오늘 하루에 딱 어울리는 다른 단어를 이용해도 된다.

예를 들어, 이 책의 한 달간의 여정에서 인생 키워드로 '돌봄'을 골랐지만 오늘은 직장에서 까다로운 회의를 앞두고 있어서 자신감과 자기 확신, 침착함을 느끼고 싶은 날이다. 그런 하루를 시작할 때 스스로 되뇌고 싶은 만트라는 '침착'이나 '호흡'일 것이다. 아니면 원하는 문장을 여러 번 반복해도 된다. 예를 들어 "난 해낼 수 있어", "천천히 꾸준하게 하면 돼", "자, 덤벼라" 등이다.

원하는 단어나 문장을 정했으면 소리 내어 혹은 마음속으로 여러 번 반복하자. 만트라와 그 안에 담긴 의미가 마음속 깊이 스며들게 해야 한다. 그리고 그날 하루를 보내면서 자신이 그 단어를 몸소 실천하고 있는 모습을 상상해보자.

하루의 시작을 이렇게 시도해봤다면 이미 인생에서 승리한 것이나 다름없다! 포인트를 마친 뒤의 기분이 어떤지 기억하거나 실제로 기록해둔 다음, 본격적으로 하루를 이어가보자.

16

나만의
응원단 만들기

이번엔 자신만의 상상 속 응원단을 선발해보자. 이때 응원단은 당신이 필요할 때마다 지원과 격려, 조언이나 영감을 주는 사람들이다.

상상 속 응원단의 좋은 점은 누구든 '내' 편으로 만들 수 있다는 것이다. 실제로 아는 사람이 아니어도 괜찮다. 살아있든 이미 세상을 떠났든 상관없다. 유명인, 역사적 인물, 허구의 인물, 지금 또는 과거에 당신을 지지해준 사람이어도 괜찮다.

응원단으로 선택한 사람들이 당신을 든든하게 지지해준다고 느껴지는 것이 중요하다. 그들을 떠올릴 때마다 '나를 응원해주고 있다'는 느낌을 받아야 한다. 그들은 영감을 줄 수도 있고 현명하거나 재미있거나 자유분방할 수도 있지만, 상상 속에서 그들이 끝까지 당신을 응원해준다고 느끼기만 한다면 상관 없다.

당신이 의지할 수 있고, 웃게 해주고, 현실로 돌아오게 하고, 힘든 시기에 안심시키거나 영감을 주거나 원하는 건 무엇이든 해줄 수 있는 사람들로 응원단을 채우자. 발표를 앞두고 긴장될 때, 저녁으로 뭘 먹을지 고민될 때, 대화를 어떻게 시작해야 할지 망설일 때, 응원단이 당신을 도와줄 것이다. 그들은 당신의 상상 속에 존재하기 때문에 낮과 밤을 가리지 않고 언제든지 불러낼 수 있다.

응원단 만드는 법

상상 속 응원단에 들어갈 사람을 고를 때는 다양한 방법이 있다. 그냥 좋아하거나 존경하는 인물을 선택해도 좋다. 아니면 좀 더 체계적으로 접근해서, 삶에서 가장 힘겨운 부분이나 현재 직면한 문제들을 구체적으로 적어본 다음, 그 상황에서 누가 가장 도움이 될지 생각해볼 수도 있다. 때로는 그들이 했던 말이나 연기한 캐릭터, 또는 외적인 모습이나 신체적인 특징을 흉내 내는 것만으로도 힘을 얻을 수 있다.

이들은 상상 속에 존재하므로 그들과 실제로 만나거나 연락할 필요가 없다.

상상 속 응원단에는 인원 제한이 없다. 최소 몇 명이어야한다는 규칙도, 최대 몇 명까지만 가능하다는 기준도 없다. 다만 필요할 때마다 바로 떠올릴 수 있어야 하므로 기억하기 쉽도록 3~6명 정도를 목표로 삼는 게 좋다.

응원단에 있어야 할 것 같은 사람이 아니라 자신이 정말원하는 사람을 선택하자. 잔 다르크나 알베르트 아인슈타인은훌륭한 인물일지는 몰라도 당신이 진심으로 원하지 않는다면응원단에 그들의 자리는 없다! 그리고 누가 당신의 응원단에들어오고 싶어 할지 또는 멤버들끼리 서로 잘 지낼지 고민하고있다면 이 모든 게 상상 속 산물이라는 걸 기억하자. 지지받는기분을 느끼려고 고안한 재미있는 게임일 뿐이므로 팀 내 인간관계 같은 걸 걱정할 필요는 없다!

응원단 후보 목록

누가 당신의 응원단에 어울릴지는 오직 당신만이 정할 수 있다. 다음은 괜찮은 멤버를 찾을 수 있는 몇 가지 분야들이다.

- 운동선수
- 사회운동가
- 작가
- 예술가
- 배우

- 코미디언
- 과학자
- 탐험가
- 정치인
- 소설이나 영화 속 인물
- 과거의 중요한 사람(교사, 조부모 등)
- 현재의 소중한 사람(가족, 친구, 동료 등)

영감을 주는 한마디

응원단의 멤버마다 어울리는 영감의 말을 생각해두자. 몇 가지 예를 살펴보겠다.

- **마야 안젤루**Maya Angelou "많은 패배를 직면하겠지만 결코 패배하지 말라."[1]
- **밥 말리**Bob Marley "모든 일들이 잘 될 거예요."[2]
- **〈니모를 찾아서〉의 도리** "그냥 계속 헤엄쳐."
- **스티브 잡스**Steve Jobs "당신의 시간은 한정되어 있다. 그러니 남의 인생을 사느라 시간을 허비하지 마라."[3]
- **나디야 후세인**Nadiya Hussain "할 수 있고, 할 것이다."[4]

특히 좋을 때나 힘들 때마다 떠오르는 인용구나 노래 가사, 시 구절이 있다면 그 말을 했거나 떠올리게 하는 사람이 응원단을 구성하는 든든한 일원이 될 수 있다.

응원단 활용하기

한 번 응원단을 꾸리면, 그들은 언제 어디서든, 당신이 원할 때마다 당신과 함께할 것이다.

활용 예시

- 불안할 때: 팀에서 차분함을 담당하는 멤버를 떠올리면서 그가 무슨 말을 해줄지 상상해보자. 다정하게 안아주는 모습을 떠올려도 좋다.
- 어려운 문제에 부딪혀 답답할 때: 누가 관점을 바꾸도록 도와주거나 계속 나아가라고 격려해줄까? 그는 어떤 말과 행동을 할까? 이 상황을 어떻게 다룰까?
- 자신감이 흔들릴 때: 당신의 자존감을 북돋워줄 멤버는 누구일까? 당신을 응원해주는 모습을 마음속으로 생생하게 떠올려보자.

응원단의 어떤 멤버는 수년간 당신 옆에 머물면서 인생의 좋을 때, 나쁠 때 그리고 그사이의 모든 순간을 계속 지켜볼 수도 있다. 또 어떤 멤버는 특정한 고민이나 인생의 일정 시기만 자리를 지키다가, 이후에는 다른 멤버에게 그 자리를 내주기도 한다.

응원단 명단

응원단이 필요할 때마다 바로 떠올리려면 조금 더 구체적인 방법을 시도해보자.

- 휴대폰 메모 앱에 멤버 명단을 저장해둔다.
- 각 멤버의 사진을 찾아 인쇄해서 벽에 붙여두고 원할 때면 언제든 대화를 나눈다.
- SNS를 통해 자신의 응원단 멤버들을 소개하고 각 멤버를 선택한 이유를 공유하자. 그러면 관련된 얘기를 나눌 수도 있고 다른 사람도 자기만의 응원단을 만들도록 영감을 줄 수 있다.
- 친구들과 응원단에 관한 대화를 나누면서 그들은 응원단에 누구를 넣을지 물어보자.

그냥 한번 해볼 뿐이므로 응원단 멤버 중 마음에 안 드는 사람이 있으면 언제든지 빼고 새로운 멤버를 영입하자!

내 응원단은 언제나 나를 지지한다.

17

걱정 시간
정해두기

당신이 늘 걱정이 많은 편이라면, 이미 잘 알 것이다. 과거의 일을 자꾸 떠올리거나 앞으로 잘못될 일을 상상하느라 불안해한다면, 그것이 삶에 얼마나 방해가 되는지 그리고 당신의 행복감에 얼마나 해로운지 말이다.

걱정은 현재에 집중하지 못하게 하고 자꾸 딴 생각을 하게 한다. 머릿속은 온통 '어떤 일이 잘못될까'에만 매달려서 지금 잘되고 있는 일들마저 빛을 잃게 만든다. 걱정은 에너지도 정신적 여유도 빼앗아간다. 게다가 대부분의 경우 그렇게 걱정했던 일은 실제로 일어나지 않아 시간만 낭비할 뿐이다.

그러니 하루 종일 불안한 생각에 휘둘리는 대신 '걱정 시간'을 예약해보자.

걱정 시간이란?

걱정 시간이란 하루 중 걱정만을 위해 따로 정해둔 시간이다. 조금 이상하게 들리겠지만, 인지행동치료 기법 중 하나인 '자극 조절 요법Stimulus Control Training'의 일종으로 실제로 매우 효과적인 방법으로 알려져 있다. 하루 중 아무 때나 걱정에 휘둘리는 대신 특정한 시간과 장소를 정해놓고 그때만 걱정에 전념하면, 걱정에 대한 통제력을 어느 정도 되찾을 수 있다.

걱정 시간을 정해두면 걱정하는 양이 달라진다는 연구 결과도 있다. 일리노이대학교 연구진은 하루 중 많은 시간을 걱정에 소비하는 이들을 대상으로 연구를 진행했다.[1]

참가자들은 매일 30분 동안, 정해진 시간과 장소에서 오직 걱정에 집중하도록 요청받았다. 그 시간에는 걱정거리를 정리하고, 필요하다면 해결책까지 고민해볼 수 있다. 만약 정해둔 시간이 아닌 다른 시간에 걱정이 떠오를 경우에는, 그 생각을 미뤄 두었다가 '걱정 시간'에 다시 다루도록 했다.

2주 동안 실험을 진행한 결과, 참가자들의 걱정 빈도와 강도가 유의미하게 감소했으며, 수면의 질 또한 향상된 것으로 나타났다.

걱정 시간에 걱정해보기

일리노이대학교의 연구에서는 걱정 시간을 30분으로 잡았지만 우리는 10분만 사용할 예정이다. 이 책의 목적은 무리하지 않고 조금씩 삶의 질을 실천 가능한 방식으로 높이는 것이기 때문이다. 물론 원한다면 시간을 더 오래 써도 된다!

걱정 시간 만드는 법

❶ 시간

하루 중 언제를 걱정 시간으로 할지 정하자. 가능하면 잠자리에 들기 최소 3시간 전으로 정해본다. 그래야 걱정이 수면으로 이어지지 않는다. 퇴근 시간이나 저녁 식사 준비를 시작하기 전 즈음이 좋다.

❷ 장소

걱정 시간을 보낼 구체적인 장소를 정하자. 특정 장소를 정해두면 막연한 불안을 방지하고 명확한 계획을 세울 수 있다.

❸ 걱정 시간

정해진 시간과 장소에서 10분간 걱정거리에 온전히 집중하자. 자신을 괴롭히는 걱정거리를 소리 내어 말하거나 종이에 적은 다음, 반박할 근거를 찾거나 해결책을 궁리한다. 이 시간에는 당신에게 스트레스를 주고 마음을 괴롭히는 문제에 온전히 집중해야 한다. 반드시 10분을 다 써야 하는 것은 아니다. 이렇게 걱정이 떠오를 때마다 곧바로 생각하지 않고 정해둔 시간까지 걱정을 미루면 그 사이에 걱정거리 중 일부는 설득력을 잃어서 더 이상 그렇게 걱정스럽게 느껴지지 않기도 한다.

④ 마무리

정해진 시간이 끝나면 걱정의 창을 닫자. 다음날에도 같은 시간과 같은 장소에 걱정 시간이 예정돼 있으므로 남은 걱정거리 때문에 여전히 불안하더라도 다음 걱정 시간까지 24시간 정도만 기다리면 된다. 물론 이 모든 것은 그냥 한번 해보는 것 뿐이므로 진행 과정에 문제가 있으면 언제든 수정하고 다시 시도할 수 있다.

걱정 시간이 아닐 때 걱정 다루기

걱정거리가 별로 급하지 않아서 바로 처리할 필요가 없다면 걱정 시간에 다루겠다고 스스로를 다독이자. 그러면 지금 하는 일에 집중하면서 에너지도 낭비하지 않을 수 있다. 걱정거리를 잊어버릴까 봐 걱정된다면 나중에 확인할 수 있도록 간단히 메모를 해두자. 사실 잊어버릴 정도의 걱정거리라면 그리 큰 걱정은 아닐지도 모른다.

걱정거리가 있을 때는 스스로에게 친절하자. 누구에게나 걱정거리가 생기기 마련이며 그것 때문에 자신을 질책해봤자 기분은 나아지지 않는다. 대신 자기 연민을 갖자. 그렇게 스스로에게 휴식을 허락하고 걱정 시간이 당신을 도와줄 것임을 기억하자.

(**한 문장 PICK UP**)

걱정거리는 걱정 시간에 다룬다.

18

주변 사람에게
관심 기울이기

사람에게는 다른 사람과 연결되어 있다고 느끼고자 하는 욕구, 즉 소속감에 대한 갈망이 내재돼 있다. '태생적으로' 관계를 원하는 것이다.[1] 동굴에 살던 시절만 해도 동료들과 강하게 연결되는 것이 매우 중요했다. 말 그대로 거기에 생존이 달려 있었기 때문이다. 서로 힘을 합쳐야 호랑이나 곰에게 잡아먹히지 않고 자신을 지킬 수 있었다. 요즘에는 배고픈 곰이 동네를 돌아다니는 모습을 볼 가능성은 거의 없지만 연결에 대한 욕구와 갈증은 여전히 남아 있다. 그래서 오늘은 관계를 강화하는 데 초점을 맞춘다.

건강한 삶을 만드는 관계의 힘

배우자나 가족, 친구, 이웃, 지역 사회와 맺는 지속적인 '사회적 관계'가 건강한 삶에 긍정적인 영향을 미친다는 여러 연구 결과가 있다. 신체 건강 상태에 상관없이, 사회적으로 잘 연결된 사람들은 그렇지 못한 사람들보다 더 오래 산다고 한다. 과학자들은 그 이유를 몇 가지로 설명한다.[2]

- 사회적 관계는 몸에 좋은 식사나 운동 같은 건강한 행동을 촉진한다.
- 정서적 지지를 주고받는 사회적 관계는 정신 건강에 도움이 된다.
- 서로 지지하는 관계는 스트레스나 면역력을 다루는 신체 능력에 긍정적인 영향을 미친다.

물론 건강하지 못한 관계는 그 반대로 작용한다. 자기 파괴적인 행동을 하는 사람들과 시간을 보내거나 결혼 생활이 불행하거나 관계가 유해하다면 삶에 분명히 부정적인 영향을 끼칠 것이다.

잠깐만 생각해봐도 당신에게 긍정적인 영향을 미치는 사람이 누구인지 알 수 있다. 한 명이든 여러 명이든, 당신이 진짜 연결되어 있다고 느끼는 사람이 있을 것이다. 그들과 함께 시간을 보내면 기분이 좋아지며, 때로는 갈등을 겪을 수도 있겠지만 당신을 힘들게 하진 않는다.

친구가 몇 명인지, 그들과 얼마나 오래 알고 지냈는지, 자주 만나는지, 온라인으로만 연락하는지, 혹은 심지어 그들을 제대로 이해하는지 등은 문제가 되지 않는다. 진정한 사회적 관계는 그 모습이 어떻든 우리 몸과 마음 그리고 영혼에 유익한 관계다. 그리고 이런 관계는 시간을 들여 가꾸고 강화할 가치가 있다.

관계 돌보기

건강한 관계가 서로에게 이로우려면 관심과 정성, 애정 어린 보살핌이 필요하다. 사람과 상황에 따라 관계를 강화하는 방법은 다양하다. 다음에 제시하는 아이디어 중 하나를 고르거나 다른 아이디어를 직접 생각해내서 10분간 관계를 잘 보살피는 데 써보자.

- **데이트 약속 잡기** 수십 년을 함께 해온 사이라도(어쩌면 오래 함께 했을수록 특히!) 두 사람이 평범한 일상에서 벗어난 뭔가를 할 수 있는 시간을 마련하자.
- **친구에게 전화 걸기** 그냥 수다를 떨거나, 근황을 주고받고 잘

지내는지 안부를 묻고 관계를 돈독히 하자.

- **감사 표현하기** 예상치 못한 방식으로 고마움을 전하자('7 무작위로 친절 베풀기' 참조).

- **디지털 기기에서 벗어나기** 얼굴을 맞대고 얘기를 나눌 때는 휴대폰을 치워두자. 연구에 따르면 휴대폰을 사용하지 않고 눈에 보이는 곳에 놔두기만 해도 대화하는 사람들 사이의 친밀감과 유대감을 방해한다고 한다.[3]

- **경청하기** 상대방의 말에 적극적으로 귀 기울이고, 상대가 말할 때 시선을 마주치며, 말뿐만 아니라 몸짓 언어도 주의 깊게 살핀다. 이해했는지 확인하기 위해 상대가 한 말을 되짚어주고, 열린 질문을 한다. 또 원치 않는 조언을 하거나 상대방의 삶이나 현재 겪고 있는 어려움을 자신과 비교하지 않는다. 판단하지 않고 공감하며 들어주고, 상대방이 하고 싶은 말을 이어갈 수 있도록 침묵으로 격려하자. 상대방이 진심으로 자신의 말을 들어준다고 여기게 되면 관계가 더 돈독해진다.

- **축하하기** 친구와 사랑하는 이에게 어떤 좋은 일이 생겼는가? 축하와 칭찬을 아낌없이 쏟아붓고 요란스럽게 응원해주자.

- **포옹하기** 모두가 그런 건 아니지만 포옹을 좋아하는 사람일 경우, 가볍게 안아주는 행동은 '포옹 호르몬'이라고도 불리는 옥시토신 수치를 높이는 좋은 방법이다. 옥시토신은 유대감을 강화하고 신뢰와 연민을 쌓는 데 도움을 준다.[4]

나는 소중한 관계를 잘 보살피고 키워나간다.

19

음미하고
즐기기

이번에는 확실히 기분이 좋아질 것이라고 장담한다. 핵심은 바로 '음미'다. 음미란 단순히 기분 좋은 순간을 즐기는 데 그치지 않고 그 즐거움을 의식하는 것까지 포함된다.

연구자들은 음미를 "즐거움을 만들어내고 강화하며 오래 지속시키는 것"이라고 설명한다.[1] 단순한 쾌락과는 다르며, 음미에는 마음챙김 요소가 포함되어 있다. 뭔가를 음미하려면 자신이 무엇을 기분 좋게 느끼는지 알아야 한다.

음미의 세 가지 형태

음미에는 세 가지 형태가 있다.

1 현재

지금 이 순간에 머무름으로써 바로 이곳에서 느낄 수 있는 즐거움을 마음껏 만끽한다. 예를 들어 무더운 여름 날 차가운 음료 한 모금을 마시면 그 맛에 흠뻑 빠지는 그 순간처럼 말이다.

2 과거

행복했던 기억을 떠올리면서 추억한다. 친구 덕에 한바탕 웃었던 순간이 불현듯 떠오를 때가 그렇다.

3 미래

앞으로 다가올 즐거운 경험을 상상하며 기대한다. 예를 들어, 직장에서 힘든 하루를 마치고 비 내리는 거리를 터벅터벅 걸어 집으로 돌아가면서 따뜻한 벽난로 앞에서 고양이를 끌어안고 쉬는 모습을 상상하는 것처럼 말이다.

우리는 하루 동안 수많은 일에 주의를 빼앗기지만, 그 속에도 음미할 만한 기회는 분명히 있다.

삶의 질을 높이는 음미

뭔가를 음미하는 것은 기분을 좋게 만들어줄 뿐만 아니라 음미 그 자체로도 우리에게 매우 유익하다. 음미는 긍정적인 태도를 키워주고, 삶의 만족도와 행복감을 증가시키고, 스트레스나 죄책감, 우울감을 감소시킨다는 연구 결과가 있다.[1] 게다가 인생을 자주 음미하는 사람일수록 특별히 즐거운 일이 많지 않은 날에도 긍정적인 기분을 유지할 수 있다고 한다.[2]

흥미로운 점은 돈이 별 도움이 되지 않는다는 사실이다. 한 연구에 따르면 부유한 사람일수록 음미하는 능력이 부족해 그 이점을 제대로 누리지 못한다고 한다.[3]

음미하는 법

음미가 삶의 질을 높여준다는 걸 알았으니, 이제 어떻게 실천할 수 있을지 살펴보자. 느낄 수 있을까?

- **행복한 장소 찾기** 행복한 추억이 깃든 특정한 장소를 생각해보자. 생각만 해도 미소가 지어지는 곳이다. 눈을 감고 그 장소를 떠올리며 장면을 구체적으로 떠올려본다. 그때 들었던 소리, 맡았던 냄새, 만졌던 감촉, 함께 있던 사람들까지 떠올리며, 추억의 따뜻

한 빛에 푹 빠져서 그때 느꼈던 기쁨을 만끽해본다.

- **함께 추억하기** 친구나 가족에게 그들과 함께 했던 즐거운 경험이나, 모두가 웃었던 일, 놀라웠던 순간을 말해보자. 함께 그때의 이야기를 나누면서 소중한 추억으로 남은 특별한 순간들을 떠올려본다.

- **현재에 집중하기** 마음챙김을 하면 현재에 집중하는 시간이 길어지므로 주변에 음미할 만한 것을 금세 알아차릴 수 있다. 아이가 포옹해주는 순간, TV를 보다가 웃음이 터지는 순간, 퍼즐을 완성한 순간 등 자신이 무언가에 기뻐하고 있다고 깨달았을 때 잠시 멈춰서 그 순간을 마음껏 즐기자.

- **감각에 집중하기** 감각에 집중하면서 그 감각을 최대한 즐기자. 이를테면 TV, 전화, 책, 다른 사람 등 방해 요소를 차단하고 좋아하는 노래를 듣거나 과즙이 풍부한 사과를 먹거나 머리를 빗는 데 집중해보는 것이다.

- **사진으로 되새기기** 앨범이나 휴대폰, 진열해둔 액자에서 인생의 즐거운 순간을 포착한 사진을 찾아 살펴보면서 언제 어디에서 그 사진을 찍었는지 떠올려보자. 그때 무슨 일이 있었는지, 어떤 기분이었는지, 누가 함께 있었는지를 되짚으며 그 기억을 음미해본다.

10분 동안 기쁨과 즐거움에 푹 빠져보자. 이 책이 제시한 아이디어를 하나 고르거나 직접 아이디어를 낸 다음, 오늘 1퍼센트의 시간을 투자해 그 기억과 경험, 감각을 음미한다. 시간을 들여 음미하는 것이 자신에게 어떤 변화를 안겨주는지 알아보려면, 음미하기 전과 후, 기분이 어떻게 달라졌는지 주의 깊게 살펴야 한다.

(한 문장 **PICK UP**)

음미는 인생에 풍미를 더한다.

20

과거에서
내면의 힘 발견하기

살면서 갑작스러운 변화, 분노, 슬픔 같은 힘든 일을 겪고 나면 아예 없었던 일처럼 잊어버리고 싶어질 때가 있다. 그 일로 고통과 고난의 시간을 보냈다면, 당연히 그런 감정과 기억에서 벗어나고 싶어질 것이다.

그러나 그 시간과 기억을 억지로 밀어내면 앞으로 닥칠 시련을 이겨내는 데 도움이 될 귀중한 단서를 놓칠지도 모른다. 힘든 일은 계속 생길 수밖에 없으며, 그게 바로 인생이다.

단 10분만이라도 과거의 힘들었던 시기를 떠올려, 그 속에서 자신이 지닌 내면의 힘과 다시 일어설 수 있는 방법을 발견해보자. 이때 그때의 기억을 글로 써보면 매우 효과적이다. 이는 회복탄력성을 강화시키며 같은 생각을 되풀이하는 것을 방

지하며, 스트레스를 줄일 수 있다.[1]

오늘은 10분간 과거의 힘든 시기에 관한 글을 써보려고 한다.

과거의 경험 중 하나 선택하기

분명히 말해두자면 이건 오래된 상처를 헤집거나 트라우마를 자극하려는 게 아니다. 감정적으로 거리가 생긴 상태에서 과거의 어려운 시기를 되돌아보면서 그 일을 좀 더 균형 있는 시각으로 바라보는 것이 목표다.

어떤 경험을 쓸 것인지는 자유롭게 선택해도 된다. 특별히 충족해야 할 조건도, '최소한 이 정도는 힘들어야 한다'는 기준도 없다. 최근의 경험보다 오래전 경험을 떠올리는 게 더 편하다면 그렇게 해도 좋다. 뭘 선택하든 전적으로 자기 마음에 달렸다.

글을 쓰는 시간이 10분 정도로 짧으면 과거의 고통에 너무 깊이 빠져들지 않고 집중할 수 있게 된다. 이 책에서 제시하는 글쓰기 주제들은 당신의 경험 속에 담긴 지혜와 내면의 힘을 찾아내도록 안내해주며, 앞으로 마주할 시련을 헤쳐나가는 데 큰 힘이 돼줄 것이다.

주의할 점

시작하기 전에 명심해야 할 사항이다.

- 당신이 괴로웠던 과거의 기억을 떠올리는 이유는 과거를 새로운 시각으로 바라봄으로써 당시 무엇이 도움이 됐는지 알아보고 향후 자신을 뒷받침해줄 교훈을 얻기 위해서다. 이 포인트를 과거에 실패한 일을 계속 곱씹거나 자신을 질책하는 구실로 삼아서는 안 된다.
- 이 글쓰기는 단 10분밖에 걸리지 않지만, 방해받지 않고 느긋하게 시간을 보낼 수 있는 조용하고 편안한 공간을 마련하면 안정감을 느낄 수 있다.
- 글을 다 쓰면 과정을 마무리하기 위해서는 몸을 좀 움직이는 게 도움이 된다. 글을 쓰던 자리에서 일어나 팔다리를 흔들고 몇 번 심호흡한 다음 완전히 다른 일을 해보자.
- 과거를 회상하다가 예상했던 것보다 큰 충격을 받았다면 전문가의 도움을 받자. 스스로를 돌보는 것이 우선이다.
- 이 모든 과정을 시도해볼지 말지는 전적으로 당신의 선택에 달렸다는 걸 기억하자.

글쓰기 주제

과거에 겪은 힘든 시기에 관해 원하는 만큼 자유롭게 감정을 담아 써내려가면 된다. 어려움을 어떻게 이겨내고 극복했는지 찬찬히 기억해낼 수 있도록 다음과 같은 질문 몇 가지를 제안한다.

- 그 시기를 견디게 해준 것은 무엇이었는가?(예: 매일 산책하기, 술 줄이기, 일찍 잠자리에 들기, 할 일 목록에서 일 덜어내기)
- 누가 당신을 도와주었는가?(예: 이야기를 들어준 친구, 업무 부담을 덜어준 상사, 아이를 대신 데려와준 다른 학부모, 음식을 나눠준 이웃)
- 그때 자신에 관해 알게 된 것 중 자랑스러운 것은 무엇인가?(예: 생각보다 더 강하다, 갑작스러운 변화에도 잘 대처한다, 스스로 해결책을 찾아낼 수 있다.)
- 그 경험에서 얻은 교훈 중 앞으로 마주할 시련에 도움이 될 만한 건 무엇인가?(예: 도움을 요청해도 괜찮다, 혼자 보내는 시간이 중요하다, 자연 속에서 시간을 보내는 것이 도움이 된다)

과거와 미래의 나에게 편지 쓰기

다른 방식으로 시도해보고 싶다면 현재의 자신이 과거의 자신에게 편지를 써보자. 시간이 흘러 인생 경험이 많아지고 새로운 관점을 지니게 된 지금, 한창 고난과 역경을 겪고 있는 과거의 자신에게 무슨 말을 해주고 싶은가? 과거의 당신은 무슨 말을 듣고 싶을까? 어떤 응원과 격려, 애정이 담긴 말을 해줄 수 있을까?

또는 훗날 어려운 시기를 겪을 때 대처할 수 있도록 미래의 자신에게 편지를 써보는 방법이 있다. 편지를 잘 보관해두었다가 미래의 자신이 조언과 위로의 말을 읽을 수 있도록 하자. 자신이 얼마나 회복력 있고 힘이 있는지, 도움을 요청하는 일이 얼마나 중요한지, 누구에게 도움을 청할 수 있는지 그리고 자기 자신을 위해 어떤 실질적인 조치를 취할 수 있는지 등을 상기하는 데 도움이 될 것이다.

이렇게 10분 동안 과거에 겪은 힘겨운 경험에 관한 글을 쓰면서 자신의 대처 방법과 회복력, 강점을 발견하고, 미래에 도움이 될 만한 것도 함께 찾아보자.

나의 과거에는 지혜가 담겨 있다.

21

재미있게
놀기

제목에서 알 수 있듯이 재미있게 노는 방법을 알아볼 것이다. 심각한 일은 다 내려놓은 채 긴장을 풀고 즐겁게 놀아보자!

아주 간단해 보이지만 꼭 그렇지만은 않다. 때로는 어떻게 즐겨야 할지, 무엇을 하면 재미있을지 알아내거나, 또 스스로에게 '마음껏 놀아도 돼'라고 허락하는 일이 의외로 쉽지 않을 때가 있다. 많은 이들이 놀이는 아이들이나 하는 활동이라고 생각하기 때문이다.

그러나 정신과 의사 스튜어트 브라운Stuart Brown은 이렇게 말했다. "우리는 평생 놀이를 즐길 수 있도록 만들어진 존재이며, 나이를 불문하고 놀이로부터 이익을 얻을 수 있다."[1]

'논다'는 건 그 자체로 즐거운 행위를 하는 것이며, 더 큰 계획이나 마감일, 결과물을 위한 수단이 아니다. 또한 다른 사람의 평가를 받을 필요도 없다. 그저 즐거움 자체가 놀이의 목적이자 전부다.

브라운은 "언젠가 시간이 나면 놀아야지"라며 기다리지 말고 삶과 놀이를 통합하라고 말한다. 놀이를 특별한 이벤트로 여기는 것이 아니라 매일의 일상 속에 자연스럽게 녹여내라는 것이다.

창의성에 관하여

창의성은 놀이의 일부다. 하지만 '창의적이다'라는 말을 들으면, 그림을 그리거나, 뜨개질을 하거나, 시를 쓰거나, 일정 수준 이상의 무언가를 만들어야 한다고 생각할 수 있다. 그러나 사람은 누구나 창의적이다. 당신도 예외가 아니다!

당신은 이미 매일 창의성을 발휘하며 살아가고 있다. 다만 스스로 눈치채지 못할 뿐이다. 당신이 입는 옷, 아이를 위해 즉흥적으로 지어낸 이야기, 휴대폰 사진을 포함해서 당신이 찍은 사진, 직장에서 발표한 프리젠테이션 그리고 당신이 차려낸 한 끼 식사 속에도 창의성은 담겨 있다.

창의성은 '예술가' 딱지가 붙은 사람들만의 전유물이 아니다. 누가 그 타이틀을 받을 자격이 있는지 결정할 수 있는 사람은 아무도 없다.

어른을 위한 놀이

지금의 자신에게 어울리는 놀이가 뭔지 잘 모르겠다면 추억 여행을 떠나보자. 어릴 때 어떤 놀이를 좋아했는지 기억해보자. 그중에서 가장 자주 했던 건 무엇인가? 무엇에 푹 빠져 시간 가는 줄 몰랐는가? 어릴 때 좋아하던 놀이가 있다면 어른이 된 지금도 비슷한 활동을 즐길 가능성이 크다. 예를 몇 가지 살펴보자.

- 독서 과제용 도서나 업무 자료가 아니라 재미를 위해 책을 집어 들기
- 여행 새로운 도시나 동네를 탐험하거나 다른 나라를 방문하기
- 음악 감상 음악을 들으며 신체적·정신적 반응 느껴보기
- 창작 그림 그리기, 글쓰기, 베이킹, 재봉, 원예 등 다양한 창작 활동해보기
- 악기 연주나 가창 활동 공연을 위한 연습이 아니라 음악 활동

과 노래를 순전히 즐기기

- **영화 감상** 재미있고 마음을 사로잡는 매혹적인 영화 고르기
- **공연 관람** 연극, 뮤지컬, 댄스 공연, 밴드 연주, 코미디 공연 등 다양한 라이브 공연을 보러가기
- **학습** 잘하려고 애쓰거나 평가를 위한 것이 아닌 순수한 즐거움을 위해 새로운 언어나 조리법, 악기를 배우기
- **스포츠 활동** 스포츠는 본질적으로 '놀이'다!

무엇이 재미있고, 즐겁고, 에너지를 주고, 편안하게 해주고, 또 돌보는 느낌을 주는지는 전적으로 자신에게 달려 있다. 놀이와 즐거움의 의미는 바로 당신이 결정하는 것이다.

완벽주의자의 놀이

완벽주의는 놀이를 받아들이는 데 방해가 되는 성가신 요소 중하나다. 완벽주의를 모든 것이 완벽하기를 바라는 욕구로 오해하는 경우가 많은데, 사실 그 이면에는 다양한 두려움이 숨어있다.

- 실수를 저지르는 것
- 남들 눈에 바보 같아 보이는 것

- 충분히 잘하지 못하는 모습을 보이는 것
- 평가받거나 비판받는 것

완벽주의는 직장처럼 진지한 상황에서만 드러나는 게 아니라, 삶 전반에 스며들어 원래는 즐겁기만 해야 할 일들까지 망쳐버리곤 한다. 우리는 다른 사람에게 실수를 들키거나, 어리석어 보이거나, 충분히 잘하지 못해서 비판받을까 봐 두려워하기도 하지만, 때로는 우리 자신이 누구보다 신랄하게 스스로를 비판하기도 한다. 우리는 자신을 실망시키거나 스스로의 기대에 부응하지 못하거나 잘못을 저지르거나 부족하거나 바보 같아 보이는 걸 견디기 힘들어한다.

완벽주의자들은 흔히 '시도하지 않으면 안전하다'고 생각한다. 그 바람에 놀이를 통해 얻을 수 있는 재미와 즐거움을 놓치기 쉽다.

혹시 여전히 놀이에 대한 확신이 필요한 이들을 위해 몇 가지 연구 결과를 얘기하자면, 노는 걸 좋아하는 성인일수록 남들보다 활동적이고 삶에 대한 만족도가 높으며,[2] 스트레스를 덜 받고 문제에 직면했을 때 더 건강한 방식으로 대처한다고 한다.[3] 따라서 놀이는 단순히 즐겁기만 한 게 아니라 삶의 질을 높이는 데에도 상당히 유익하다!

재미있게 놀아보기

이제 한번 놀아보자. 어떻게 놀아야 할지 도통 모르겠더라도 딱 10분만 느긋하게 즐기면 되고 '올바른' 놀이 방법 같은 건 없다는 걸 기억하자.

다음은 놀이를 시작하는 데 도움이 될 만한 몇 가지 제안이다. 또는 당신만의 놀이 방법을 직접 만들어도 좋다

- 플레이리스트 만들기 좋아하는 노래 중에 신나는 곡만 모아서 플레이리스트를 만들고 활기차게 노래를 따라 부르거나 춤을 추며 에너지를 느껴본다.

- 퍼즐 풀기 단어 찾기, 십자말풀이, 스도쿠 등 어렵지만 재미있는 문제를 풀어본다.

- 시 쓰기 운율이 맞지 않아도 상관없다. 다양한 형태의 시를 자유롭게 써보자.

- 마음껏 어질러보기 벽에 그림을 그리든, 야채를 심든, 아이들과 함께 빵을 굽든, 몸과 주변 공간이 지저분해지는 건 걱정하지 말자. 피부에 묻은 물감, 손톱에 낀 흙, 얼굴에 묻은 밀가루까지 지금 이 순간을 즐기면 된다. 끝난 뒤에 치우고 닦으면 된다.

- 게임하기 요즘은 컴퓨터, 휴대폰, 게임 콘솔 등 게임을 즐기는 방법이 매우 다양하다. 옛날 방식대로 카드 게임이나 땅따먹기 놀이를 해도 좋다. 밖에서는 '스무고개'나 자동차 색깔 맞추기 놀이를

하고, 집에서는 TV나 라디오에 나오는 퀴즈를 맞춘다.

- 자연에서 즐거움 찾기 들꽃으로 화환을 만들고, 풀잎으로 만든 피리를 불고, 나무 막대기를 깎고, 구름 속에서 동물 모양을 찾고, 언덕을 굴러 내려간다.

- 이야기 만들기 상상력을 발휘해서 아이들이 잠잘 때 들려줄 새로운 이야기를 만들거나 출퇴근길에 마주치는 사람들에 관한 이야기를 만든다.

- 만들기 레고 세트나 프라모델을 사서 만든다.

- 미술과 공예 하기 사진 찍기, 종이 자르기, 뜨개질, 코바늘 뜨기, 인쇄, 글쓰기, 스케치, 그림 그리기, 재봉 등을 시도한다.

- 새로운 언어 배우기 외국어를 하나 선택해서 "안녕하세요", "안녕히 가세요", "부탁합니다", "고맙습니다" 같은 간단한 표현이나 재미있는 문장을 몇 가지 배운다. 참고로 나는 어릴 때 여섯 가지 언어로 "화장실이 어디예요?"라고 묻는 법을 배웠다. 하지만 안타깝게도 대답은 거의 알아듣지 못했다.

- 독서하기 소설이나 에세이, 잡지 등을 10분간 읽는다.

- 음악 활동하기 노래, 콧노래, 손으로 박자 맞추기, 악기 연주 등을 한다.

- 색칠 활동하기 컬러링북, 점 잇기 색칠북, 스티커북 등을 사서 해본다.

- 보면서 웃기 좋아하는 스탠드업 코미디언이나 코미디 프로그램의 동영상 클립을 찾아본다.

이제 10분간 놀고 장난치면서 재미있는 시간을 보내자.

(한 문장 PICK UP)

세상에 즐거움을 누리지 못할 만큼

바쁘거나 나이 든 사람은 없다.

22

인생의 수레바퀴 그리기

삶이 혼란스러울 때 균형을 되찾는 데 도움이 되는 도구가 있다. 바로 '인생의 수레바퀴'라는 개념으로, 미국 성공동기연구소Success Motivation Institute®를 설립한 폴 J. 마이어Paul J. Meyer가 처음 제안한 것이다. 10분 동안 삶의 여러 영역을 살펴보면서 무엇이 마음에 드는지, 어디에 관심을 쏟고 있는지, 무엇이 부족한지, 어떤 영역에 더 많은 시간과 관심이 필요한지 파악해보도록 하자.

인생의 수레바퀴는 현재 인생의 어떤 부분이 충만한 기쁨과 만족감을 안겨주는지, 어떤 부분이 기대에 부응하지 못해 불만과 좌절감을 주는지 보여준다. 수레바퀴 이미지를 이용해 삶을 여러 영역으로 나눠도 되지만, 원한다면 수레바퀴 대신 컵이나 양동이처럼 삶의 각 영역을 담는 그릇의 이미지를 생각해도 좋다.

하루 10분만 투자해 인생의 수레바퀴를 그려보고 이후 한 달에 한 번씩 점검해보면서 요즘 사는 게 어떤지, 앞으로 몇 주 동안 어디에 더 주의를 기울일지 살펴보면 좋다.

인생의 수레바퀴 그려보기

1단계

자신의 삶에서 중요한 영역을 나열한다.

배우자	친구	건강	교육	재정
가족	직업	즐거움	공동체	마음 성장

이 항목들이 모두 포함될 필요는 없다. 당신의 목록이 다른 사람들과 다를 수도 있지만 상관없다. 그냥 자신이 가장 중요하다고 생각하는 영역만 수레바퀴에 써넣으면 된다. 자신에게 가장 적합하다고 생각되는 단어나 이름을 사용하면 되고, 보통 5~9개 정도의 영역이 나오게 될 것이다.

2단계

종이에 작은 원을 그리고, 그 원을 둘러싸듯 더 큰 원을 그린다. 이런 식으로 원 세 개를 더 그려서, 서로 간격이 일정한 다섯 개의 동심원을 만들어보자. 이것이 당신의 수레바퀴다. 수레바퀴 중심부에서 바깥쪽 테두리까지 선(바퀴살)을 그어서 당신이 아까 정한 영역의 수만큼 구간을 나눈다. 수레바퀴 바깥쪽 가장자리의 각 구역마다 아까 1단계에서 적었던 각 영역을 써넣는다. 아래 예시와 같이 하면 된다.

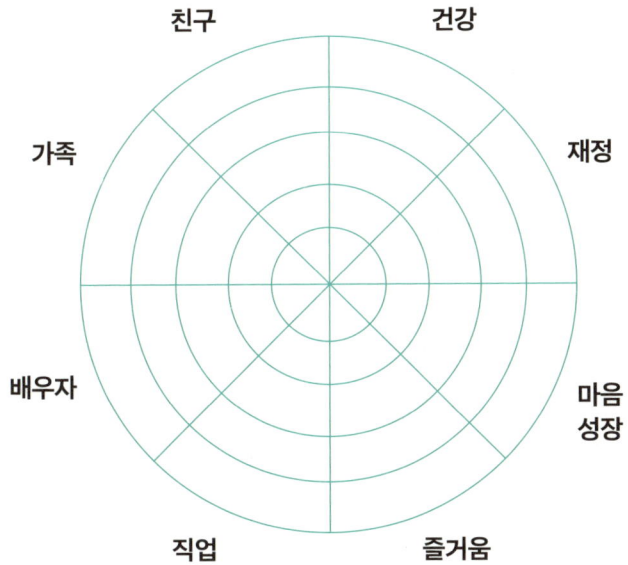

3단계

수레바퀴의 가장 중심부는 0점이고 바깥쪽으로 갈수록 각 2점씩 증가하며, 수레바퀴의 맨 바깥쪽 원은 10점이 된다. 필요하다면 수레바퀴 중심부에 0이라고 쓰고 수레바퀴 바깥쪽 테두리에 10이라고 써놔도 된다.

각 영역을 차례대로 살펴보면서 그 영역에 대해 자신이 어떻게 느끼는지 생각해보자. 예를 들어, 친구와의 관계를 생각할 때는 그들과 얼마나 많은 시간을 함께 보내는지, 어떤 식으로 소통하는지 되돌아보고, 건강이라면 신체적 건강 수준을 높이려고 어떤 노력을 하는지 돌아본다.

직감에 따라 점수 매기기

딱 10분만 할애할 때의 장점은 너무 깊이 고민할 시간이 없다는 점이다. 직감에 따라 삶의 각 영역에 10점 만점을 기준으로 점수를 매겨보자. 수레바퀴 중심부는 0점이고 바깥쪽 테두리는 10점이라는 사실을 기억하면서, 수레바퀴 중심부부터 자신이 표시한 지점까지 연필이나 색연필로 칠한다. 일례로 건강 점수가 10점 만점에 5점이라면, 건강 영역의 절반까지만 칠하면 된다. 직업 점수가 10점 만점에 8점이라면, 마지막 원 하나를 빼고 칠한다.

삶의 각 영역에 점수를 매기고 해당 점수까지 칠하면 다음처럼 될 것이다.

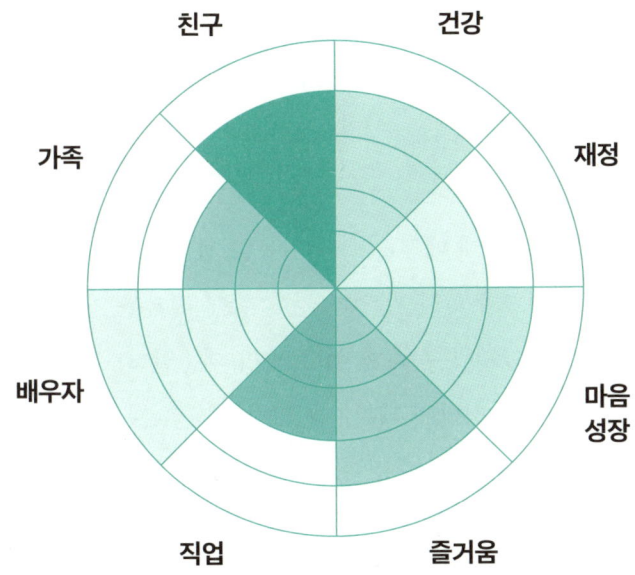

인생의 수레바퀴 활용하기

완성된 인생의 수레바퀴는 당신이 삶의 여러 영역을 어떻게 느끼고 있는지 한눈에 보여준다. 모든 영역이 꽉 채워져 있을 가능성은 낮다. 어떤 영역은 다른 영역에 비해 거의 채워지지 않았을 수도 있다. 그래도 상관없다. 인생의 수레바퀴는 그저 당신의 현 위치를 그대로 보여주는 것뿐이다. 이 포인트의 목적은 수레바퀴 전체를 완전히 채워 균형을 이루는 것이 아니다. 자기 삶의 모든 영역이 언제나 최상의 상태를 유지하기를 기대하는 것은 지나친 바람이다.

이제 각 영역에 매긴 점수의 이유를 생각해보자. 가족 영역이 대부분 채워져 있다면, 얼마 전에 함께 휴가를 가서 아무런 방해도 받지 않고 느긋하게 쉬다 왔기 때문일지도 모른다. 또 즐거움 영역이 2점밖에 채워지지 않았다면, 요새 일이 너무 바빠서 취미 활동이나 여가를 즐길 시간이 없었기 때문일 것이다.

목표를 정하자

인생의 수레바퀴를 이루는 영역을 하나씩 살펴보면서 어떤 점수를 받고 싶은지 생각해보자. 당신이 맡은 책임과 시간적 부담, 현재의 에너지를 고려했을 때, 모든 영역에서 10점 만점을 기대하지 않을 수도 있다. 아마 7~8점만 받아도 충분히 만족스러울 수 있다. 굵은 펜이나 연필로 각 영역마다 원하는 목표

점수를 표시해두자.

계획을 세우자

이제 인생의 수레바퀴를 완성했으니, 삶의 어떤 영역에 더 주의를 기울이고 싶은지 알게 되었을 것이다. 수레바퀴의 해당 영역의 점수를 높이기 위해 어떤 행동을 취할 건지 결정해보자.

우선은 각 영역 하나를 골라, 그 영역에서 당신이 원하는 모습에 한 걸음 더 다가갈 수 있는 방법을 생각해보자. 실천 가능한 행동을 고르는 게 무엇보다 중요하다! 예를 들어, 다음과 같은 몇 가지 행동도 도움이 될 것이다.

- 배우자 저녁에 함께 외출할 계획을 짜본다.
- 친구 친구를 초대해 함께 커피를 마신다.
- 직업 이력서를 업데이트한다.
- 공동체 이웃들에게 안부를 전한다.
- 교육 새로운 언어를 배울 수 있는 앱을 다운로드한다.
- 건강 치과 검진 예약을 한다.
- 가족 다 함께 보드 게임을 한다.
- 재정 이번 달의 수입과 지출 내역을 정리해 다음 달과 비교할 수 있도록 준비한다.
- 마음 성장 10분 동안 명상한다.
- 즐거움 잠들기 전 책을 읽는다.

인생의 모든 영역 점수를 높이려고 엄청난 변화를 이룰 필요는 없다. 하나의 영역을 골라서 지금 취할 수 있는 행동을 하나 선택한 다음 실행에 옮기면 된다.

한 문장 PICK UP

내 인생의 수레바퀴는 끊임없이 굴러가고 있다.

23

나만의 아늑한
공간 만들기

분명히 말해두지만 이 포인트는 당신의 집을 핀터레스트나 인스타그램에 올릴 만한 화려한 모델 하우스처럼 꾸미려는 게 아니다. 집 안에서 잠깐씩 고요하고 평화로운 순간을 보낼 수 있는 작은 공간, 작은 안식처를 만들려는 것이다. 물론 남는 방이 하나쯤 있다면 더할 나위 없겠지만, 대부분의 집은 그렇지 않다. 요즘은 거실 한 켠에 재택 근무용 사무실을 만들거나 주방 식탁에서 일하는 등 여러 용도로 활용하는 경우가 많다.

아늑한 공간이란?

아늑한 공간은 집 안에서 '나만의 공간'이라고 부를 수 있는 작은 구역을 의미한다. 이용할 만한 공간이 침실 구석밖에 없다면 그 정도만으로 충분하며 바쁜 일상에서 벗어나 잠시 머물 수 있을 정도면 된다.

집 안의 특정 장소를 지정하는 이유는 공간의 용도를 명확히 구분하기 위해서다. 그러면 그곳은 자연스럽게 평화, 한숨 돌리기, 자신을 위한 시간 등을 상징하게 된다. 그곳에 앉는 순간 '지금은 바로 나를 위한 순간'이라는 신호가 마음속에 켜지는 것이다. 호캉스를 즐기는 대신 훨씬 현실적이고 실용적이며 저렴한 방법이다.

아침에 일어나자마자 따뜻한 차를 마시면서 그 자리에서 하루를 차분하게 시작할 수도 있고 퇴근하고 집에 돌아와 나만의 공간에 앉아 하루의 긴장을 풀 수도 있다. 어쩌면 이 책의 연습을 읽고 실천하는 전용 공간으로 삼을 수도 있다!

나만의 공간 선택하기

나만의 공간을 어디에 만들지는 집 구조와 여유 공간에 달려 있다. 의자를 둘 만큼 공간이 충분하면 좋겠지만 아니면 바닥에 쿠션이나 베개를 몇 개 놔둘 수 있는 정도여도 괜찮다. 가능하면 온 가족이 잘 드나들지 않는 아늑한 분위기의 방을 선택하는 것이 좋다. 그래서 대부분 침실 구석이 이상적인 장소가 되곤 한다.

물론 근사하긴 하겠지만 방 전체를 멋지게 꾸밀 필요는 없다. 허름한 서랍장을 치우고 수리하거나 다시 장식하느라 너무 스트레스를 받지 말고, 그런 것 때문에 나만의 공간을 만드는 일을 미루지도 말자. 방 전체를 재구성하는 것보다 작은 한 구석을 멋지게 꾸미고 유지하는 것이 훨씬 쉬우며(결국 거기 머무는 시간도 하루 10분뿐이다) 그 이점도 금세 누릴 수 있다.

베란다나 창고 같은 외부 공간을 선택할 수도 있겠지만 위치를 잘 고려해야 한다. 나만의 아늑한 공간을 이용할 수 있는지 여부가 날씨에 따라 달라지면 곤란하다.

평온한 기분을 느껴보기

편안한 공간으로 만들자

담요, 쿠션 등을 더해서 마치 고치처럼 아늑하게 만든다. 부드러운 천과 약간의 쿠션감만으로도 평범한 의자나 딱딱한 바닥이 아늑하고 편안하게 느껴질 수 있으며, 담요로 몸을 감싸면 몸도 마음도 따뜻해질 것이다.

조명을 마련하자

방 전체 조명을 켜두는 대신, 나만의 공간에 따로 작은 조명을 두면 책을 읽거나, 글을 쓰거나, 간단한 공예를 할 때 훨씬 편리하고 아늑한 분위기도 더해진다. 창가에 자리를 잡으면 자연광을 받을 수 있고 하늘을 바라보거나 바람을 느끼고 싶을 때는 창문을 열 수도 있다.

무언가를 올려둘 받침대를 마련하자

테이블, 책장, 창틀을 이용하거나 그게 불가능하면 상자나 바구니 등을 활용한다. 물잔이나 찻잔을 올려놓기에 실용적일 뿐만 아니라 당신에게 평온함과 즐거움을 안겨주는 아이템으로 장식할 수도 있다. 예를 들어 다음과 같은 것들이 있다.

- 사랑하는 사람의 사진
- 책
- 양초
- 공책과 펜
- 식물
- 개인적인 추억이 담긴 물건
- 수정구슬
- 향이나 에센셜 오일 디퓨저
- 공예 작품

- 조각 그림 맞추기나 퍼즐

업무나 작업과 관련된 물품 말고 내면의 평온함과 차분함을 유지하는 데 도움을 줄 만한 물건을 선택해보자.

디지털 기기는 없애자

나만의 아늑한 공간을 만들고 그곳에서 시간을 보내는 이유는 복잡한 일상에서 벗어나 잠시 휴식을 취하기 위해서다. 이곳은 조용히 긴장을 풀면서 재충전을 하기 위한 장소다. 따라서 TV를 보거나 이메일을 확인하거나 릴스를 보는 건 이런 목적에 어울리지 않는다! 하지만 오디오 가이드 명상이나 편안한 음악을 듣고 싶다면, 재생 버튼을 누른 다음 디지털 기기를 손 닿지 않는 곳에 두어 다시 집어들고 싶은 유혹이 생기지 않도록 해야 한다.

나만의 공간 활용법

지금부터 10분 동안 나만의 아늑한 공간을 설계해보자. 이 공간은 당신이 조용히 혼자 있으면서 숨 돌릴 시간이 필요할 때 언제든지 사용할 수 있는 작은 피난처가 되어줄 것이다.

나만의 공간을 만들었다면, 언제 그리고 얼마나 자주 그곳을 찾는지도 생각해보자. 하루를 시작할 때 잠시 그곳을 이용하는 것이 좋을까, 아니면 잠들기 전에 하루를 마무리하면서 머무는 것이 좋을까? 어느 시간에 나만의 공간을 이용하는 것이 당신에게 가장 큰 위로를 주는지도 알아보자.

나만의 공간은 당신이 원할 때마다 원하는 방식대로 꾸미고 즐길 수 있다. 그리고 가족 모두에게 당신이 그곳에 있을 때는 방해하지 말라고 말해두는 걸 잊지 말자!

(한 문장 PICK UP)

나만의 아늑한 공간은 마음의 안식처다.

24

긍정 확언
만들기

오늘은 자신에게 긍정적인 메시지를 전해줄 수 있는 확언을 한 가지 이상 만들어보는 시간을 가질 것이다.

확언이란?

확언이란 어떤 믿음을 굳건히 해주는 문장을 간단히 표현한 것인데, 항상 긍정적인 것만은 아니다. 확언은 우리가 자기 자신에 대해 전하는 메시지 사실 여부와 상관없이 진실처럼 믿게 되는 힘을 갖고 있다.

예를 들어, "나는 달리기를 못해" 혹은 "나는 사람들 앞에서 말하는 게 서툴러" 같은 부정적인 메시지를 계속 되뇌면 부정적인 확언이 되어 믿게 된다는 얘기다.

확언은 사실 우리에게 낯선 것이 아니다. 지금도 계속 사용하고 있지만 그게 확언이라는 사실을 모를 뿐이다. 의도적으로 긍정적인 확언을 만들어서 사용하면 자신감과 자기 신뢰를 키워주며, 자신에게 격려와 지지의 메시지를 전할 수 있다.

확언과 만트라의 차이점

확언과 만트라는 자주 혼용되지만 엄밀히 따지자면 서로 다르다. 만트라는 힌두교에서 유래한 용어로 '주문 또는 기도 삼아 외우거나 노래로 불려지는 말 또는 구절'을 뜻한다.[1] 스스로에게 "숨을 들이마시고 내쉬자"라고 계속 되뇌면서 천천히, 깊게 숨 쉬도록 마음을 진정시키는 것이 만트라의 한 예다.

반면 확언은 '진실이라고 선언된 진술이나 명제'다.[2] 오늘 말하는 확언은 1인칭 현재 시제의 긍정적인 진술이다. 다음 내용에서 자세히 설명해보겠다.

확언을 구성하는 3요소

확언의 힘을 극대화하려면 다음의 세 가지 요소가 필요하다.

❶ 1인칭 현재 시점

확언은 "나는 ~이다", "나는 ~할 수 있다", "나는 ~를 가지고 있다", "나는 ~를 느낀다" 같은 말로 시작한다. "나는 ~할 것이다"라는 표현을 쓰면 진술이 미래 시제가 되며 그 믿음이 '지금의 나'에게 와닿지 않게 된다. 확언의 핵심은 지금 당장 그 믿음이 진실이라고 단언하는 것이다.

❷ 긍정적인 태도

긍정적인 것으로 위장한 부정적인을 사용하지 않도록 주의해야 한다. 예를 들어, "나는 어제만큼 스트레스를 받지 않는다"라든가 "나는 두렵지 않다"라는 말은 긍정적으로 들릴 수도 있지만, "스트레스"와 "두렵다"라는 말을 들은 뇌는 그 말에 동의하게 된다. 그것보다 "나는 오늘 여유롭다", "나는 용감하다" 같은 말이 더 강력하고 긍정적인 확언이다. 이제 당신이 느끼고 싶은 감정인 "여유롭다"와 "용감하다"라는 말을 들은 당신의 뇌는 이렇게 힘을 주는 메시지를 더욱 잘 인식한다.

❸ 그 일이 가능하다는 기분

이상하고 말도 안 되는 확언은 자신부터 믿지 않을 것이므로 효과가 없다. 예를 들어, 자신감이 부족한 사람이 "나는 세상에서 가장 자신감 넘치는 사람이다" 같은 확언을 한다면 이건 현실과 너무 동떨어진 얘기라서 도통 믿을 수가 없다. 확언은 당신에게 힘을 실어주고 도와주고 지지해줘야 한다. 언젠가는 정말 세상에서 가장 자신감 넘치는 사람이 될 수도 있겠지만 지금은 자신조차도 믿을 수 없는 이야기라면 확언이 될 수 없다. 이런 상황에서는 "나는 매일 자신감이 커지고 있다"처럼 조금 과장되더라도 실현 가능성이 높은 말을 해야 한다. 지금 당장은 자신감이 별로 없을지 몰라도, 이 진술은 1인칭 현재 시제이고 긍정적이라서 매일 조금씩 더 자신감을 키울 수 있다고 믿게 만들어준다.

확언은 문장 길이에 제한이 없으므로 외우기 싶고 힘을 얻을 수 있는 말로 구성하면 된다. "나는 차분하다"처럼 짧아도 좋고, "나는 매일 내 요구와 경계를 날마다 더 존중하고 있다"처럼 길어도 괜찮다.

긍정 확언 활용법

이제 오랫동안 자신에 대한 믿음을 스스로 되뇌어왔다는 걸 깨달았을 것이다. 다만 그중에는 부정적인 확언도 많았을 것이다. 긍정적인 확언을 이용하려면 더 큰 목적의식과 의도적인 노력이 필요하다. 나에게 필요하거나 적합한 확언을 여러 개 만들어놓고 그날의 기분과 처한 상황, 또는 그날 가장 도움이 될 만한 내용이 무엇인지에 따라 골라 활용해보자.

다음은 확언을 일상생활에서 자연스럽게 활용할 수 있는 몇 가지 방법이다.

- 확언을 포스트잇에 적어 곳곳에 붙여둔다.
- 확언이 짧다면 로그인 비밀번호로 사용한다.
- 확언을 이미지로 만들어서 컴퓨터 배경화면이나 휴대폰 잠금 화면으로 저장한다.
- 확언을 표현하는 그림이나 글귀를 벽에 걸어둔다.

부정적인 말	긍정적인 말
• 늘 시간이 모자라.	• 시간은 충분해.
• 너무 피곤해.	• 기운이 넘쳐.
• 아아, 스트레스 받아!	• 나는 차분하고 침착한 사람이야.
• 이런 건 못해.	• 해낼 수 있어.
• 내가 더 잘해야 해.	• 지금 이대로의 나로 충분해.
• 다들 나보다 잘해.	• 나만의 속도로 나아가고 있어.
• 무서워.	• 나는 용감해.
• 내가 뭘 하는지 모르겠어.	• 스스로 방법을 찾아낼 수 있어.
• 난 실패자야.	• 나는 날마다 배우고 있어.

- 매일 하루를 시작하거나 마무리할 때 일기장이나 다이어리를 펼쳐 페이지 맨 위에 확언을 적는다.
- 잠들기 전에 침대에서 확언을 반복해서 되뇐다.
- 아침에 일어나면 침대에서 확언을 반복해서 되뇐다.
- 차를 끓이거나 커피를 내릴 때처럼 일상적인 일을 하는 동안 머릿속에서 확언을 반복한다.
- 확언을 되뇌어야 한다는 걸 상기시켜주는 신호를 정해둔다. 예를 들어, 집 현관문이나 자동차 문을 여는 걸 신호로 정해놓으면 손잡이를 만졌을 때 바로 확언이 떠오를 것이다('31 습관 만들기' 참조).

긍정의 힘

확언은 마법이라기보다는 믿음이 담긴 문장일 뿐이지만, 그럼에도 생각과 기분에 강력한 영향을 미칠 수 있다. 자신에 대해 부정적이거나 비판적인 믿음을 되뇌는 게 얼마나 강력한지 그리고 그 믿음이 당신의 생각과 기분, 행동에 어떤 영향을 미치는지 생각해보라. 그러니 이제 이 힘을 긍정적으로 사용해서 자신을 돕고 지지하며 격려하자.

다음은 지금까지 무심코 굳게 믿어왔을지도 모르는 부정적인 확언 몇 가지와 그것을 대체할 수 있는 긍정적인 대안이다.

오늘 자신에 대해 어떤 믿음을 갖고 있는가? 어떤 말이 당신을 안심시키고 지지하며 격려해줄까?

한 문장 PICK UP

나는 내가 믿는 그대로의 사람이다.

25

미래의 나를 위한
결정하기

오늘 10분을 투자해 내일의 부담을 덜어보자. 우리는 매일 크고 작은 수많은 결정을 내리는데, 그 모든 선택에는 시간과 에너지, 지적 능력이 소모된다. 코넬대학교에서 진행한 연구[1]에 따르면, 우리는 하루에 음식과 관련된 결정을 14번 정도 내린다고 생각하지만, 실제로는 무려 226번이라고 한다! 뭘 먹을지, 언제 먹을지, 얼마나 먹을지, 누구와 먹을지 같은 결정들이다.

음식 말고도 매일 마주하는 또 다른 결정은 어떨까? 무엇을 입을지, 언제 집을 나설지, 어디로 갈지, 무엇을 보거나 읽을지, 누구에게 무슨 말을 할지, 그 말을 언제 어떻게 할지 등 정해야 할 일은 끝이 없다.

이것들은 우리가 매일 내리는 결정의 일부에 불과하며 각 결정 안에는 더 많은 또 다른 선택지가 포함돼 있다.

번잡한 거리를 걷는다고 상상해보자. 다른 사람이나 도로 시설물에 부딪히지 않으려면 어디를 어떤 속도로 걸을지, 어떤 가게에 언제, 무엇을 위해 들어갈지 등을 계속 결정해야 하는 식이다.

선택 과부화

모든 선택과 결정은 사고력, 즉 인지 자원을 소모하며, 이는 에너지를 조금씩 깎아 먹는다. 그리고 선택지가 여러 개면 결정하기가 더 어려워져서 '분석 마비Analysis paralysis'나 '결정 피로decision fatigue'에 빠지게 된다. 이런 구체적인 명칭까지 붙을 정도라면, 그게 실제로 존재하는 현상이라는 뜻이다. 선택지가 많을수록 결정을 내리기가 더 어려워지는데 선택의 폭이 너무 넓어서도 있지만 더 좋은 걸 선택할 기회를 '놓칠까 봐 두려워하는 마음' 때문이기도 하다.

하루를 마치고 TV 앞에 앉아 뭔가를 좀 보려고 했는데 한 시간이 지나도록 결정을 내리지 못한 경험이 다들 있을 것이다. 너무나 많은 채널과 스트리밍 서비스에서 너무나 많은 프로그램과 영화를 제공하기 때문이다.

선택의 폭이 너무 넓을 때 사람들이 얼마나 불쾌감을 느끼는지 보여주는 유명한 연구[2]가 있다. 연구진은 캘리포니아의 한 슈퍼마켓에 잼 시식 부스를 설치하고, 1시간마다 한 번씩 제공하는 잼 종류를 6가지에서 24가지로 늘렸다. 대부분의 사람들은 잼이 6가지가 있든 24가지가 있든 한두 가지 맛만 시식했다. 그런데 흥미로운 사실은 6가지 맛의 잼이 제공될 때 부스를 방문한 고객들의 경우 30퍼센트가 잼을 구매한 반면, 24가지 맛 중에서 고를 수 있었던 고객들의 경우 3퍼센트만이 잼을 구매했다는 것이다. 선택의 폭이 좁을수록 고객은 훨씬 쉽게 결정을 내리고 잼을 사갈 가능성이 크다는 얘기다.

모든 결정에는 어느 정도의 스트레스가 따른다. 다양한 옵션을 저울질하고 하나를 고른 뒤 그게 옳기를 바라야 하기 때문이다. 이 과정을 우리가 집과 직장에서 매일 내려야 하는 모든 결정마다 반복해야 한다면 그게 얼마나 큰 영향을 미칠지 알 수 있다.

내일의 스트레스 줄이기

미리 내릴 수 없는 결정이 많지만, 그래도 앞서 선택할 수 있는 것들을 정해두면 그에 따르는 골치 아픈 일과 스트레스를 줄일 수 있다. 그러면 미래의 당신이 고마워할 것이다.

버락 오바마는 《베니티 페어 Vanity Fair》와의 인터뷰에서 미국

대통령으로 재임하던 시절 파란색이나 회색 정장만 입은 것이 매일 내려야 하는 결정을 줄이는 데 도움이 됐다고 말했다.[3] 옷차림을 그렇게까지 제한할 필요는 없지만, 매일 결정해야 하는 일을 줄이는 건 일리 있는 행동이다.

지난 며칠을 돌이켜보면, "미리미리 결정해둘 걸" 하고 후회한 순간들이 있었을 것이다. 막상 일이 닥쳤을 때 무엇을 해야 할지 몰라 망설이거나, 마음이 조급해지거나, 결정을 내려야 하는 일 자체가 또 하나의 스트레스로 느껴졌던 때 말이다.

오늘은 10분을 투자해 내일을 위한 몇 가지 선택을 내려볼 것이다. 다음 목록을 보고 지금 할 수 있는 일을 하나 고르자. 이것도 또 하나의 결정이라는 걸 알지만, 모든 항목이 자신의 상황에 맞지는 않을 테니 선택할 수 있도록 해두었다. 혹시 시간이 남으면 결정을 하나 더 내려보는 것도 좋다.

내일을 위한 결정

- 내일 입을 옷을 고르고, 필요하면 다림질을 해두고, 필요한 소품까지 전부 함께 준비해둔다.
- 저녁 식사 메뉴를 정한 다음 재료가 있는지 확인해보고 혹시 없으면 장바구니 목록을 작성한다.
- 다음 주에 먹을 식사 계획을 짜고, 장바구니 목록도 함께 준비한다.
- 점심을 만들어서 냉장고에서 바로 꺼내 먹을 수 있게 해

둔다.

- 읽어야 할 책들을 살펴보고 그중 하나를 고른 다음, 나머지는 당분간 치워둔다.
- 아침 식탁을 미리 차려둔다. 물론 냉장 보관이 필요한 식품은 제외한다.
- 핸드백, 업무용 가방, 운동용 가방 등을 내일 바로 들고 나갈 수 있게 챙겨둔다.
- 식당, 카페, 영화관 등 뭔가를 선택해야 하는 외출 계획이 있다면 지금 바로 자신이 좋아하는 걸 미리 정해둔다.

이 목록은 미래의 자신이 고마워할 결정의 일부일 뿐이다. 당신의 일상에 맞는 다른 일이 떠오른다면, 그것도 미리 결정해보자. 내일이 되면 오늘 내린 선택이 어떤 영향을 미치는지 확인해보자. 효과적이라면 매일의 작은 루틴처럼 이어가도 좋다.

─(한 문장 PICK UP)─

미래의 나는 오늘의 나에게 고마워할 것이다.

26

수면 루틴
만들기

이번 주제는 수면이지만, 지금 당장 잠들기 위한 것이 아니라 더 깊고 질 좋은 수면을 위한 준비 단계에 가깝다. 10분을 투자해 당신의 수면 루틴을 돌아보고 이를 개선할 방법을 알아보자.

　내가 제안하는 전략은 깨어 있는 시간의 1퍼센트를 활용해 전반적인 삶의 질을 높이는 것이다. 하루 24시간에서 성인의 권장 수면 시간인 하루 8시간[1]을 제외한 나머지 시간의 1퍼센트를 계산하면 10분 정도 된다. 어떤 사람은 하루 7시간만 자도 충분할 수 있지만 어떤 사람은 9시간 정도는 자야 한다. 당신은 최상의 컨디션을 유지할 수 있을 만큼 충분한 수면을 취하고 있는가?

　하지만 수면 시간뿐만 아니라 수면의 질도 중요하다.

수면이 중요한 이유

바쁘거나 스트레스를 받을 때 가장 먼저 희생되는 것이 바로 수면이다. 늦게까지 깨어 있거나 일찍 일어나면 잠잘 시간이 줄어들고, 이런저런 생각에 마음이 어지러우면 수면의 질이 떨어진다. 많은 이들이 잠을 잘 못 자도 어떻게든 버틸 수 있어서 잠을 줄여도 괜찮다는 생각을 하기도 한다.

하지만 실제로는 그렇지 않다는 근거가 있다. 《네이처 앤 사이언스 오브 슬립Nature and Science of Sleep》에 실린 연구[2]에 따르면, 양질의 수면을 충분히 취하지 못하면 단기적으로는 스트레스와 정서적 고통이 증가하고 기분, 기억력, 인지 기능에 부정적인 영향을 미치며 삶의 질을 떨어뜨린다고 한다. 또한 장기적으로는 심혈관 질환, 체중 관련 문제, 제2형 당뇨병, 심지어 암으로 이어질 수 있다. 정신이 확 드는 이야기다.

이런 연구 결과가 없더라도, 숙면을 취한 날과 밤새 뒤척이느라 제대로 못 잔 날의 차이는 누구나 알 것이다. 수면 부족은 기분과 감정, 명확한 사고력과 문제 해결 능력, 유머 감각, 에너지, 식욕에 영향을 미친다. 그리고 이것이 결국 인간관계와 일 그리고 삶이 얼마나 힘겨운지 아니면 즐거운지까지 좌우한다.

수면 루틴 정하기

수면은 단순히 '좋은 것'이 아니라 삶의 질을 높이는 데 있어 꼭 필요한 요소다. 그리고 숙면을 위해 가장 좋은 방법은 수면 루틴을 만드는 것이다.

수면 루틴이라고 하면 목욕을 하고 잠옷으로 갈아입은 뒤 양치하고 침대에 누워 동화책을 읽다가 잠드는 아이들이 떠오를 것이다. 부모가 매일 같은 패턴을 지키는 데는 이유가 있다. 아이들의 몸과 뇌가 이제 하던 일을 멈추고 긴장을 풀며 잠잘 준비를 할 시간이라는 걸 익히도록 하기 위해서다.

아이들이 자라면 루틴이 점점 바뀌다가 결국 완전히 사라진다. 혹시 밤마다 하는 수면 루틴이 있다면 어떤 식으로 진행되는가?

할 일이 많은 어른들은 잠자리에 들기 직전까지 혹은 침대에 누운 뒤에도 업무를 처리하거나 집안일을 하거나 SNS를 확인한다. 그러다가 불을 끄고는 바로 잠들기를 바라는데 이는 과도한 바람이다. 몸이 많이 힘들면 피로에 지쳐 곧바로 잠이 들 수도 있지만 이런저런 잡념 때문에 아무리 몸이 피곤해도 한밤중까지 말똥말똥 깨어 있을지도 모른다. 아니면 불을 끄자마자 뇌가 과부하 상태가 돼 아무리 자려고 애써도 머릿속에 수많은 생각이 맴돌기도 한다.

수면 루틴은 아이들에게만 필요한 게 아니다. 연령과 관계

없이 누구나 잠자리에 들기 전에 몸과 뇌가 긴장을 풀도록 습관을 들이면 도움이 된다. 그러니 10분 정도 시간을 내서 수면 루틴을 어떻게 만들어갈지 오늘 밤 잠자리에 들기 전에 뭘 시도해보고 싶은지 고민하자.

5가지 수면 루틴 아이디어

❶ 마감 시간 정하기

일을 정해둔 시간까지 마치지 못하면 과감히 다음 날로 미루고 하루를 마무리한다. 또 친구나 가족의 전화를 받지 않는 시간을 정해두자. 예를 들어, 저녁 9시까지는 언제든 통화해도 괜찮지만 그 이후에는 전화를 받지 않겠다고 말해둔다('13 거절 연습하기' 참조). 휴대폰의 '방해 금지 모드'를 이용하면 전화벨 소리를 신경 쓰지 않아도 된다.

❷ 조명 어둡게 하기

인체의 생체 리듬은 빛과 어둠에 반응한다. 특히 디지털 기기 화면의 밝은 빛에 노출되면[3] 수면 호르몬인 멜라토닌 수치가 감소하며, 주위가 어두워지면 멜라토닌 분비가 증가해 졸리게 된다.[4] 저녁이 되면 집 안의 조명을 어둡게 조절하고 잠자리에 들기 전에는 디지털 기기 화면을 멀리하면 몸에서 멜라토닌이 분비될 기회를 주어 숙면을 취하는 데 도움이 된다. TV, 휴대폰, 태블릿, 노트북,

게임 콘솔은 모두 블루라이트를 방출하므로 잠들기 최소 30~60분 전부터 이런 기기 사용을 멈추는 것을 중요한 수면 루틴으로 삼자.

❸ 생각을 글로 적기

침대에서 과거를 곱씹거나 미래를 걱정하며 생각이 많아진다면 잠들기 전에 머릿속 생각을 모두 글로 써보자. 깔끔하게 정리할 필요도 없고 맞춤법이 완벽하지 않아도 괜찮다. 중요한 것은 생각을 머리에서 꺼내 종이에 담는 것이다('30 자유롭게 끄적여보기' 참조). 계획을 세우거나 뭔가를 기억하거나 문제를 파악하려고 애쓰느라 잠을 이루지 못할 때도 있는데, 글을 쓰는 과정에서 해결책이 떠오르기도 한다. 아니면 상쾌한 머리와 새로운 관점으로 내일 다시 생각하자는 결정을 내리는 것만으로도 잠자리에 드는 데 도움이 된다.

❹ 따뜻한 물로 목욕하기

목욕이나 샤워 중 편한 걸로 선택하자. 따뜻한 물은 긴 하루를 보내느라 긴장된 근육을 부드럽게 이완시킬 뿐만 아니라 혈액 순환을 촉진해 몸의 중심부에서 손과 발까지 열을 전달한다. 목욕을 마치고 욕실에서 나와 시원한 침실로 향하는 동안 체온이 약간 떨어지면서 신체를 진정시킨다. 하버드대학교 보건대학원에서 실시한 연구에 따르면 잠자리에 들기 한두 시간 전에 따뜻한 목욕이나 샤워를 하면 잠들기까지 걸리는 시간이 10분 정도 단축된다고 한다.[5]

⑤ 마음을 진정시키는 활동하기

잠들기 전에 마음을 차분하게 진정시켜서 편안한 휴식을 취할 수 있게 해주는 활동에는 어떤 것들이 있을까? 가벼운 요가 영상을 따라하거나, 명상, 컬러링북 색칠, 독서 등이 좋다. 단, 머리를 복잡하게 하는 읽을거리는 피하자. 스킨로션이나 핸드크림을 바르거나 발 마사지를 하면 긴장을 푸는 데 도움이 될 뿐만 아니라 자신에게 애정과 보살핌, 관심을 기울이는 것 같은 느낌을 준다.

꾸준히, 계속

당신에게 가장 잘 맞는 수면 루틴을 찾기 위해 시간대, 순서, 행동 등을 다양하게 바꿔보며 실험해보자. 친구나 다른 가족들에게 효과적인 방법이 반드시 당신에게도 맞는 것은 아니다. 수면의 질이 눈에 띄게 개선되기까지는 시간이 걸릴 수 있다. 그러니 꾸준히 시도해보자. 작은 변화를 쌓아 큰 효과를 얻는 '미세한 개선 전략'을 기억하자. 이는 당신이 앞으로 더 길고, 더 깊고, 더 질 좋은 수면을 누리도록 든든한 버팀목이 되어줄 것이다.

침실을 어둡고 조용하며 시원하게 유지하는 것도 수면의 질을 향상시키는 데 도움이 되지만, 10분간 수면 루틴(잠자리에 들기 전에 할 일)에 집중하면 숙면을 취할 가능성이 극대화된다.

오늘 밤 잠자리에 들기 전, 수면의 질을 높이기 위해 어떤 방법을 시도해볼 생각인가?

27

'내가 해낸 모든 일'
목록 만들기

할 일 목록은 정신을 집중시키고 처리해야 할 일과 하고 싶은 일을 떠올리는 데 매우 유용하다. 할 일 목록이 있으면 모든 걸 일일이 기억하려고 애쓰지 않아도 되고, 완료한 항목을 체크하면서 뿌듯한 성취감도 느낄 수 있다.

그와 동시에 체크하지 않은 목록은 자신을 괴롭히는 무기가 되기도 한다. 그것을 '내가 얼마나 아무것도 하지 않았는지, 얼마나 생산적이지 못했는지, 내가 얼마나 게으르고, 산만하며, 쓸모없는 사람인지'를 보여주는 근거로 받아들일 수 있기 때문이다.

끝나지 않는 할 일

생각해보면 할 일 목록은 결코 끝나는 법이 없다. 목록에 적은 일을 모두 처리해도 사실 목록에 미처 적지 못한 일이 더 많다는 걸 알고 있다. 게다가 항목을 어떤 식으로 기재하느냐에 따라 며칠 동안 마무리하지 못할 수도 있다. 예를 들어, '프로젝트 마무리하기'라는 항목은 동료와의 협업, 글쓰기, 편집 작업 등 많은 시간과 복잡한 단계를 거쳐야 한다. 이 아무것도 아닌 것처럼 보이는 한 줄에 체크 표시를 하려면 그 전에 완료해야 할 작업이 매우 많다는 얘기다.

또 '이메일 답장하기'처럼 완료가 불가능한 개방형 항목도 있다. 이메일을 영구적으로 차단할 계획이 아니라면 이 작업은 결코 완료하지 못한다. 하지만 목록에 '샘의 이메일에 답장하기'처럼 구체적이고 한정된 내용으로 적는다면 확실히 완료할 수 있다.

할 일 목록은 우리를 항상 바쁘고 생산적인 모드로 몰아넣는다. 물론 생산성은 필요하다. 일을 해야 공과금도 내고 식료품과 옷도 살 수 있기 때문이다. 그러나 그날 하루의 가치를 결과물의 양으로만 판단한다면, 스스로 실패를 자초하는 셈이다. 특히 할 일 목록에 적어둔 내용이 전부 '업무'와 관련됐을 때는 더욱 그렇다.

그래서 이번에는 조금 다른 방식을 시도해보려고 한다.

'내가 해낸 모든 일' 목록

할 일 목록To Do list 대신 완료한 일의 목록Ta Da list을 작성해보는 것이 어떠냐는 의견도 있다. 하루가 끝날 무렵에 그날 해낸 일을 모두 기록해두는 방식이다. 이는 그날의 성취를 돌아보며 축하한다는 점에서 의미가 있지만, 주로 업무나 기록해둬도 '괜찮겠다'고 생각하는 생산적인 활동들에 초점을 맞추게 된다. 그것 역시 '생산적이어야 한다'는 압박감과 '내가 얼마나 유능했는가'를 평가하는 시선에서 완전히 자유롭지는 못하다. 완료한 일 목록에 적어놓은 항목이 많지 않으면, '오늘은 별로 한 게 없네' 또는 '충분히 노력하지 않았나?' 하는 스스로에 대한 의구심을 갖게 되기도 한다.

그래서 우리는 대신 '내가 해낸 모든 일Whole Life Done' 목록을 만들어보려 한다.

이 목록에는 일이나 성취라고 부를 만하다고 생각되는 일뿐만 아니라 자신이 한 모든 행동과 경험을 포함한다. 다시 말해 일상적인 루틴을 제외한 인생의 모든 영역에서 자신이 해낸 것들을 전부 포함한다. 따라서 '일어나서, 옷을 입고, 샤워를 했다' 같은 일상 루틴은 굳이 적지 않아도 되지만, 그날따라 거기서 확실한 성취감을 느꼈다면 써도 된다!

포함할 수 있는 내용들

'내가 해낸 모든 일' 목록에 무엇을 적을지는 전적으로 당신에게 달려 있다. 무엇이 중요한지, 목록에 무엇을 적어야 적합한지 누가 대신 정해줄 수 없다. 포함시키고 싶은 내용이 있으면 그냥 적자! 이 목록에 포함될 수 있는 몇 가지 예시를 소개하겠다.

- 친구에게 전화해서 잠깐 이야기를 나누었다.
- 정원에서 새소리를 들었다.
- 미뤄뒀던 이메일을 보냈다.
- 점심을 먹으면서 책을 읽었다.
- 프레젠테이션 초안을 완성했다.
- 배우자가 세탁소에 맡긴 옷을 찾아왔다.
- 유용한 연구 자료 두 가지를 찾았다.
- 공원에 꽃이 피기 시작한 것을 발견했다.
- 산책하며 이웃과 이야기를 나누었다.
- 골목에 쌓인 낙엽을 쓸었다.
- 조카에게 카드를 보냈다.
- 반려견을 꼭 껴안았다.
- 새로운 조리법으로 저녁을 만들어봤다.
- 명상에 잠겼다.
- 마트 계산대에서 다른 사람에게 차례를 양보했다.

특별히 흥미롭거나 대단한 성취는 아니더라도, 하나하나의 목록이 당신이 보낸 하루의 반짝이는 순간을 기록한 것이다.

'내가 해낸 모든 일' 목록을 작성해야 하는 이유

이렇게 목록을 작성하면 생산적이어야 한다는 욕구를 어느 정도 채워줄 수 있지만, 그게 전부는 아니다. 단순히 얼마나 많은 일을 했느냐가 아니라 그동안 살아오면서 당신의 삶에 어떤 일이 일어났는지를 정리해서 보여준다. 이는 인생을 보다 균형 잡힌 시각으로 바라보는 데 도움이 된다. 하루하루가 모여 만들어지는 인생에서 자신의 하루가 자기 돌봄, 관계 맺기, 호기심, 평화, 경외, 기쁨의 순간들로 채워져 있음을 확인할 수 있기 때문이다.

자신이 해낸 다양한 일들을 기록하다 보면, 당신이 어떻게 시간을 보내며, 건강을 돌보고, 인간관계를 강화하고, 만족감과 평온함, 에너지와 즐거움을 얻는지를 알 수 있다. 또 시간을 보람 있게 쓰지 않은 날도 파악 가능하다.

목록에 빠진 것들의 의미

'내가 해낸 모든 일' 목록을 살펴본 결과 만족스러운 행동, 충족감을 안겨주는 행동이 부족하다면 그것도 귀중한 정보가 된다.

이는 자신의 필요나 욕구에 소홀하거나, 자신에게 자양분이 될 방향과 어긋나 있다는 신호일 수 있다. 이를 통해 왜 요즘 유난히 기분이 좋지 않은지를 이해하는 데 도움이 된다.

'내가 해낸 모든 일' 목록을 쓰는 일은 언뜻 보면 너무 간단해서 별다른 효과가 없을 거라고 생각할 수도 있다. 하지만 만약 당신이 하루(혹은 자신)의 가치를 오직 '얼마나 생산적이었는가'로만 평가한다면, 모든 생각과 감정까지 그 잣대의 틀 안에서만 해석될 것이다. 하지만 '내가 해낸 모든 일' 목록을 작성하면 당신이 단순히 성취를 쌓는 존재가 아니라 다양한 감정과 경험을 가진 온전한 인간이라는 점에 집중할 수 있게 한다.

행동과학 전문가이자 《몰입, 생각의 재발견》의 저자인 위니프레드 갤러거Winifred Gallagher는 "당신이 누구인지, 무엇을 생각하고 느끼며 행동하는지, 무엇을 사랑하는지는 당신이 집중한 것의 총합이다"[1]라고 했다. 나도 그 말에 동의한다.

─(한 문장 PICK UP)─

내 인생은 그 자체로 소중하다.

28

보이지 않는
보호복 마련하기

다음 내용 중 당신에게 해당되는 것이 있는가?

- 긴장감 넘치는 드라마나 영화를 볼 때 등장인물들이 겪는
  일이 실제처럼 느껴진다.
- 폭력과 고통의 현장을 보는 게 너무 괴로워서 뉴스 시청
  을 피한다.
- 등장인물들이 느끼는 불안과 두려움을 마치 자신의 일인
  양 느끼기 때문에 무서운 영화 보는 걸 좋아하지 않는다.
- 불만이 많거나 남의 흠을 찾거나 심하게 비관적인 사람과
  함께 있으면 당신도 똑같은 기분이 든다.
- 남의 말을 잘 들어주는 사람이라는 평을 듣고, 조언을 해

달라는 부탁도 자주 받는다.

- 친구가 어떤 일로 행복해하고 들뜨면 당신도 똑같이 기뻐한다.
- 친구가 속상해하면 마치 당신의 일처럼 그 슬픔이 전해진다.
- 누군가 힘들어하는 걸 보면 본능적으로 도와야 한다고 느낀다.
- 상대가 말로 잘 표현하지 못하더라도 그가 말하고자 하는 바를 금방 이해하고, 왜 그런 말을 하는지 알아차린다.
- 누군가 거짓말을 하거나 무언가를 숨기고 있으면 눈치챌 수 있다.
- 모여 있는 사람들이 누군지 몰라도 방 안의 기류나 분위기를 빨리 파악한다.

이 중 몇 가지에 고개를 끄덕였다면 당신은 공감 능력이 매우 뛰어난 사람일 것이다. 《생각 중독》의 저자 닉 트렌턴Nick Trenton은 《공감형 인간을 위한 자기 돌봄 설계도The Empath Self-care Blueprint》라는 저서에서 공감형 인간이란 "공감 능력이 뛰어난 사람 또는 다른 사람의 감정을 느낄 수 있는 사람"이라고 설명한다. "공감형 인간은 상대방의 마음 상태를 지적으로 이해하는 데 그치지 않고, 더 깊이 받아들여 상대방의 감정을 실제로 느끼기도 한다."[1]

명확히 하자면, 공감형 인간은 어떤 진단된 상태가 아니라 선천적인 특성을 설명하고 이해하는 데 유용한 용어일 뿐이다. 공감 능력이 뛰어난 건 결점이나 잘못이 아니다. 너무 예민하거나 민감해서 그런 것도 아니다. 물론 그런 말을 자주 들었을지도 모른다. 그건 당신이 천성적으로 다른 사람들과 감정적으로 깊이 연결되어 있기 때문이다. 공감형 인간은 수많은 추가 정보를 처리해야 해서 때로는 지치고 압도당하는 기분을 느끼기도 한다. 남의 감정을 너무 깊이 느끼지 않았으면 하고 바라거나, 격렬한 대화가 들리면 마치 롤러코스터를 타는 느낌이라서 어떻게든 감정 수신기를 끄고 싶다고 생각할 때도 있을 것이다.

그래서 오늘은 당신이 평정 상태를 유지하는 데 도움이 되는 기술을 시도해보려고 한다.

공감 능력 받아들이기

자신의 높은 공감 능력과 그것이 에너지와 감정에 어떤 영향을 미치는지 인식하고 인정하면 도움이 된다.

❶ 자신의 기분과 감정이 주변 사람들에게 달려 있는 것처럼 보이는 이유를 알 수 있다.

❷ 압도되는 감정을 느끼는 원인을 파악할 수 있다.

이 사실을 알게 되면 감정에 압도당하지 않도록 자신을 보호하기 위한 행동을 취할 수 있다.

감정 보호하기

앞서 경계를 정하고 이를 남들에게 알리고 존중하는 것도 자신을 돌보는 한 가지 방법이라고 언급한 바 있다('4 경계 설정하기' 참조). 예를 들어 TV 뉴스를 보는 게 너무 괴롭다면 대신 라디오에서 뉴스를 듣거나 뉴스 시청 횟수를 줄이자. 또 어려움을 겪고 있는 친구를 돕고 싶을 때도 도움을 주겠다고 제안하기 전에 먼저 에너지, 시간, 돈, 감정적인 위로 중 어떤 자원을 제공해야 하는지부터 고민하자.

이번 핵심 주제를 비유적으로 말하자면, 보호복을 입는 것과 같다. 우리 주변에는 우리 감정에 나쁜 영향을 많이 주지만 쉽게 벗어나기 어려운 사람들이 종종 있다. 그런 사람들과 만날 때는 물론, 감정이 휩쓸릴 만한 상황이나 대화를 나눌 때도 보호복은 유용하다.

나만의 보호복 마련

보호복을 입으려면 먼저 자신이 지금 눈에 보이지 않는 일체형 의상을 입고 있다고 상상해보자. 몸에 꼭 맞는 전신 수트나 미쉐린맨^{Michelin Man}처럼 부풀어 오른 튜브형 옷이든 상관없으니 좋을 대로 상상하자. 그러한 자신만의 보호복을 입고 있는 사람은 당신만이 아니다. 세상 모든 사람이 자기만의 보이지 않는 보호복을 입고 있다. 보호복 안에는 그 사람의 모든 것이 담겨 있다. 눈에 보이지 않는 보호복의 경계 안에 무엇을 머물게 할지, 내부에서 외부로 무엇이 통과시킬지 그리고 외부에서 무엇이 안으로 들어올지 등은 자신이 선택해야 한다.

누군가와 이야기를 나눈다고 상상해보자. 그 사람이 쏟아내는 두려움, 스트레스, 불안, 슬픔 등 온갖 감정이 당신에게 흘러오는 것이 느껴진다. 이때 보이지 않는 보호복을 입으면 감정에 휘둘리지 않은 상태로 상대방의 어려움을 인정하고 공감하며 친절과 연민을 베풀고, 가능하다면 도움도 줄 수 있다. 상대가 느끼는 강렬한 감정은 보이지 않는 보호복에 가로막혀 당신에게 전달되지 않으므로 남의 감정을 자기 감정처럼 느껴 괴로워하지 않아도 된다.

단절이 아니라 보호
이는 당신의 공감 능력을 떨어뜨리는 게 아니라, 어떤 감정이 자기 것이고 어떤 감정이 다른 사람의 것인지 식별해서 그 감정에 압도당하지 않게 도와준다.

이 보이지 않는 보호복은 당신이 다른 사람과 연결되는 걸 막기 위한 것이 아니다. 벽을 쌓거나 무관심하고 무감각한 사람이 되도록 만들지도 않는다. 그저 다른 사람의 감정이나 환경에 압도당하지 않도록 원하는 수준의 보호를 제공할 뿐이다. 특정한 순간에 보호복이 다른 사람의 감정을 얼마나 투과시킬지는 당신의 선택이다. 흥분과 기쁨으로 들떠 있는 친구의 에너지와 감정을 받아들이고 싶다면 마음대로 해도 된다. 하지만 다른 친구의 슬픔에 압도당하지 않도록 배려심 많은 자신을 보호하고 싶다면 그 또한 얼마든지 가능하다.

보호복 입어보기

10분 동안 눈에 보이지 않는 보호복이 어떻게 생겼는지, 무엇으로 만들어졌는지, 입었을 때 어떤 느낌인지 상상해보자. 그리고 그 보호복을 입고 사람들이 있는 방으로 들어가거나, TV를 보거나, 누군가와 대화하는 모습을 머릿속에 그려보자.

보이지 않는 보호복을 입었을 때 더 편안하고, 더 강해지고, 더 안전하다고 느낄 수 있는 상황과 사람들을 생각해보자. 그런 상황에 처했을 때 보호복을 입고 있다고 상상하면 어떤 기분이 드는지, 또 상황이 끝난 후 기분은 어떤지 주의 깊게 살펴보자.

나는 보이지 않는 보호복을 입고 있다.

29

스스로에게
허락하기

이번에는 우리가 어떻게 하면 스스로에게 더 많은 '허락'을 할수 있는지 탐구해보려 한다. 이것은 많은 사람들이 꽤나 어려워하는 주제이기도 하다. 세상에는 우리가 할 수 없다고 느끼는 일이 있다. 해서는 안 된다고 느끼거나, 어떻게든 해내야만한다고 느끼는 일도 있다. 또 우리가 감정을 느끼는 것조차 허락되지 않은 것처럼 여겨질 때도 있고, 우리가 생각해서는 안되는 것을 생각한다고 여겨질 때도 있다. 하고 싶은 말을 할 수도 없고, 되고 싶은 사람이 될 수 없다고 느껴지기도 한다.

때로는 자신보다 더 힘들게 사는 사람들도 있으니 배부른소리를 해서는 안 된다고 스스로를 타이를 때도 있다. 자기중심적인 사람처럼 보이고 싶지 않아서 좋은 소식을 듣고도 흥분을 억누르는 경우도 있다. 또 다 끝나기 전에 그만두는 건 잘못된 일 같아서 재미없는 책을 억지로 읽을 때도 있고, 내심 거절하고 싶으면서도 억지로 요청을 받아들일 때도 있다('13 거절 연습하기' 참조).

그렇게 자신을 억누르면서 스스로에게 많은 부분을 허락하지 않고 있다는 사실을 제대로 인식하지 못하는 사람이 많다. 하지만 내면 깊은 곳에서는 결국 알고 있다. 불편함과 무겁고 부담스러운 기분, 뭔가 이상하다는 기분이 들고 심한 스트레스와 압박감, 자기 삶을 통제하지 못한다는 느낌이 들기 때문이다.

외부에서 허락을 구하는 습관

우리는 어릴 적 부모와 교사에게 허락을 구하는 법을 배운다. 그리고 어른이 되면 상사나 의사 같은 권위자, 혹은 SNS 속 유명인이나 친구, 연인 등을 통해 허락을 얻으려고 한다. 우리가 허락을 구하는 모습은 다음과 같다.

- 피곤하다고 크게 한숨을 쉬는 모습을 보여주면서 내심 배우자가 따뜻하게 목욕하고 일찍 자라고 말해주기를 바란다.

- 새로운 프로젝트가 정말 흥미로워 보인다고 상사에게 지나가듯 말하면서, 직접 자원하지는 못하고 상사가 알아서 자신을 투입해주기를 바란다.
- 케이크는 이제 먹지 말아야 할 것 같다고 친구에게 말하지만, 사실은 친구가 "가끔은 괜찮잖아. 먹어도 돼!"라고 권해주기를 바란다.
- 오늘은 자신이 요리할 차례인 줄 알면서도 룸메이트에게 집에 들고 온 일거리가 너무 많다고 불평하며, 룸메이트가 "바쁘면 사다 먹자"라고 제안하기를 기대한다.

외부의 승인을 구하는 데 너무 익숙해진 나머지 스스로에게 뭔가를 허락하기 어려울 때가 있다. 또는 늘 다른 사람들을 돌보느라 바빠서 스스로에게 허락을 내릴 여유가 없을 때도 있다. 다른 이들의 요구를 돌보는 책임감 있는 사람, 모두의 기대를 만족시키는 사람, 분위기를 맞추는 '좋은 사람'이 되고 싶기 때문이다.

하지만 그렇게 자신을 억누르고, 감정을 외면하며, 하고 싶지 않은 일이나 책임을 떠안는 일은 결국 당신의 시간과 에너지 그리고 정신적 여유를 소모시킨다.

물론, 우리가 진짜 원하는 것을 할 자격이 있다고 스스로 허락하지 못하게 만드는 사회적 구조와 규범 자체를 바꾸는 일도 중요하다. 그러나 그보다 먼저, 당신이 지금 바로 10분 안에

할 수 있는 작지만 강력한 실천법이 있다. 바로 '허가서'를 작성하는 것이다.

스스로에게 허가서 써보기

스스로에게 허가서를 써주는 일이 익숙하지 않을 수 있지만, 자신이 가장 필요로 하는 것을 자신의 언어로 허락해주는 일은 큰 힘이 된다.

허가서의 내용은 "실수를 해도 괜찮다"거나 "내 의견을 말해도 된다"처럼 광범위할 수도 있고, "커피 한 잔을 마실 때까지 설거지를 미뤄도 된다"거나 "가족들이 이상하게 생각해도 버섯을 좋아하지 않아도 된다"와 같이 아주 구체적일 수도 있다. 허가서는 자신을 자유롭게 하기 위한 것임을 기억하자. 따라서 '이래야만 한다', '저렇게 해야 한다'가 아니라, 당신이 진정으로 원하거나 필요한 것을 스스로 허락해줘야 한다. 다음의 예를 보면서 어떤 허가서를 쓰고 싶은지 생각해보자.

- 쉬는 시간을 가져도 된다.
- 다른 사람과 의견이 달라도 괜찮다.
- 천천히 해도 괜찮다.
- 스스로를 자랑스럽게 여기는 걸 허락한다.

- 할 일 목록을 무시해도 괜찮다.

- 마음을 바꿔도 괜찮다.

- 직감을 따르는 걸 허락한다.

- 슬퍼하거나, 화내거나, 긴장하거나, 신이 나도 된다.

실물로 된 허가서

마음속으로만 허락을 하거나 휴대폰에 메모하는 방법도 있지만, 직접 만질 수 있는 카드나 종이로 된 허가서를 만드는 편이 더 재미있고 효과적이다.

10분 정도 시간을 내 다양한 허가서를 만들어서 눈에 잘 보이는 곳에 놔뒀다가, 스스로에게 허락을 하고 싶을 때 그중에서 무작위로 하나를 뽑거나 그 순간에 필요한 허가서를 꺼내 쓰면 된다.

한 문장 PICK UP

나는 나에게 괜찮다고 말한다.

30

자유롭게
끄적여보기

최근 몇 년 사이에 글쓰기는 인기를 끌고 있다. 언뜻 생각하기에는 멋진 노트와 고급 만년필, 인스타그램에 올릴 법한 근사한 이미지나 주제가 있어야 하는 번거로운 일처럼 보일 것이다. 적어도 SNS에서는 그렇게 보이기도 한다. 공책이나 일기장에 자기 생각과 감정, 희망과 계획을 끄적이던 시대는 지나갔다.

하지만 핀터레스트에 올릴 만한 완벽한 사진만 걷어내면, 글을 쓴다는 것은 예전부터 그랬듯이 지금도 내면세계를 표현하는 아주 좋은 방법이다. 특정한 방법이나 가이드를 따르든, 그렇지 않든, 머릿속 생각을 글로 적어내면서 문제를 해결하고, 아이디어를 탄생시키고, 계획을 세우고, 꿈을 실현하고, 감정을 들여다보고 불안을 다스릴 수 있다.

10대 시절에는 당신과 당신의 호르몬이 헤쳐나가려고 애쓰던 혼란스러운 세상을 이해하려고 열심히 글을 썼을지도 모르지만 어른이 된 뒤로는 그 일은 자연스럽게 잊혀졌을 것이다.

이 책에서는 다양한 형태의 글쓰기 활동이 있는데('5 멋진 미래 상상하기', '11 감사 일기 쓰기', '20 과거에서 내면의 힘 발견하기') 모두 서로 확연히 다르다. 그리고 오늘 시도해볼 글쓰기 또한 앞서 소개한 것들과 다르다. 오늘은 10분 동안 자유롭게 끄적여볼 것이다.

프리스타일 글쓰기

프리스타일 글쓰기는 머릿속의 내용을 종이에 쏟아내는 것이다. 글씨체가 깔끔한지, 문법 규칙을 잘 지켰는지 신경 쓰지 말고, 그냥 떠오르는 모든 생각을 의식의 흐름대로 적는다. 따라야 할 구체적인 가이드도, 대답해야 하는 정해진 질문도, 지켜야 할 규칙도 없다. 머릿속에 맴도는 모든 생각을 펜으로 종이에 쏟아내기만 하면 된다.

프리스타일인 이유는 정해진 규칙이 없기 때문이다. 멋진 일기장, 오래된 메모지, 봉투 뒷면 등 어디에 쓰든 상관없다. 글자를 흘려쓰거나 삐뚤게 쓰든, 맞춤법이 엉망이든 문장 하나가 반 페이지 넘게 이어지든 상관없다. 최소 또는 최대 글자 수나

페이지 수에 제한도 없다. 또 글을 쓰는 자체가 스트레스라면 10분을 채울 필요도 없다!

글을 다 쓰자마자 그냥 버려도 되고, 바로 다시 읽어보거나 서랍에 보관해뒀다가 나중에 읽어도 된다. 혹시 나중에 다시 읽어보겠다는 생각만으로도 스스로를 평가하는 '자기 검열' 욕구가 생긴다면, 글을 쓰자마자 바로 찢어버리자. 반대로, 자기가 쓴 생각을 다시 읽어보는 게 도움이 될 것 같다면 그렇게 해도 괜찮다.

명확함과 새로운 관점 찾기

우리는 머릿속으로 생각하는 속도만큼 빠르게 글을 쓸 수 없기 때문에, 글을 쓸 때는 생각하는 속도를 조금 느리게 조절해야 한다. 그래서 글을 쓰는 행위는 자신의 생각을 명료하게 들여다볼 수 있게 한다. 마치 실제로 뭔가를 소리 내어 말하면, 속으로 말할 때보다 더 또렷하고 명확하게 들리는 것과 같다.

자기가 쓴 글을 다시 읽어보면, 두렵거나 어려워보였던 일이 처음 생각했던 것만큼 큰 문제가 아님을 알 수 있다. 막상 글로 써보면 생각만큼 걱정되거나 부담스럽지 않게 느껴진다.

머릿속에 있는 걱정, 두려움, 할 일 목록, 과거의 대화 등을 글로 쓰는 과정에서 새로운 관점을 얻고 다른 시각에서 바라볼 수 있다. 머릿속을 맴도는 생각에 얽매이지 않고 조금 거리를 두고 바라보게 되기 때문이다.

그렇게 하면 정말 중요한 것이 무엇인지, 어디에 집중할지, 무엇을 놓아줄 수 있을지 깨닫게 된다. 새로운 아이디어나 해결책, 앞으로 나아갈 다른 방법이 떠오를 수도 있다. 이 과정에서 통찰력이나 명확한 시각을 얻었을 수도 있고, 그러지 못했을 수도 있지만, 그런 건 상관없다.

평온과 평화를 이루기

때로는 머릿속 생각을 종이 위에 모두 털어내는 것만으로도 해방감과 안도감을 느낄 수 있다. 오직 '나만' 볼 수 있는 안전하고 사적인 방식이라는 점에서 더 편안하게 속마음을 쏟아내게 될 것이다.

10분간 머릿속 생각을 종이에 옮기고, 글을 쓰기 전의 기분과 그 후의 기분이 어떻게 달라졌는지 비교해보자. 이건 당신만의 자유로운 글쓰기이자 기록이다.

아침 글쓰기

《아티스트 웨이》의 저자 줄리아 캐머런Julia Cameron은 매일 아침 떠오르는 생각을 세 페이지 분량으로 써내려가는 습관이 창의성을 열어준다고 말한다. 그렇게 함으로써 "화나고, 짜증나며, 사소한 잡념"을 비워낼 수 있기 때문이다.[1] 캐머런은 떠오르는 생각을 닥치는 대로 쓰라고 제안한다. 예를 들어 "뭘 써야 할지 모르겠어. 저 시끄러운 소리는 뭐지? 저녁에 먹을 브로콜리를 사야 한다는 거 잊지 마" 같은 식으로 두서없이 써도 된다. 그리고 이렇게 쓴 글은 최소한 8주 동안은 읽지 말라고 권한다.

⟨ 한 문장 PICK UP ⟩

나는 내 마음속에 평온과 평화를 만들어낼 수 있다.

31

습관
만들기

습관으로 만들어 매일 규칙적으로 하고 싶은 행동이나 작업이 있는가? 이 책에서 시도해본 것들 중에 매일 실천하고 싶을 만큼 마음에 드는 것이 있는가? 그렇다면 그것을 어떻게 삶에 자연스럽게 녹여내고 습관으로 만들 수 있을지 알아보자!

습관을 형성하는 방법은 여러 가지가 있고, 이 한 가지 주제만 다룬 책도 있을 정도다. 이번 포인트에서는 내가 가장 효과적이라고 느낀 '습관 쌓기'라는 방법에 집중할 것이다.

미국의 사회과학자이자 《습관의 디테일》의 저자인 B. J. 포그B. J. Fogg가 처음 소개한 것으로 알려진, 앵커링anchoring, 즉 습관 쌓기는 말 그대로 습관을 쌓아올리는 것이다.

습관을 쌓는 이유

평소 잘 하지 않던 행동을 매일 규칙적으로 하는 건 꽤 힘들 수 있다. 바쁘게 살다 보면 아무리 새로운 시도를 하고 싶어도 그걸 매일 기억해내는 건 쉽지 않다. 우리의 뇌는 그것 외에도 다른 것들을 꽉꽉 채워 기억하느라 정신이 없기 때문이다.

어떤 행동을 반복하면 뇌 속의 뉴런들 사이에 연결이 형성된다. 시냅스라고 하는 이 연결은 같은 행동을 반복할수록 더 강해진다. 그 행동을 불규칙적으로 수행하면 시냅스가 약해지고, 오랫동안 하지 않으면 연결이 끊어진다. 시냅스가 튼튼하면 의식적으로 생각하지 않고도 그 행동을 쉽게 반복할 수 있다. 아침에 옷을 다 입고 침실 커튼을 여는 행동이나 밤에 잠자리에 들기 전에 양치질을 하는 행동이 바로 그런 예다.

일상생활 속에는 이미 확실하게 자리 잡은 습관이 많으므로, 새로 들이고 싶은 습관을 이미 몸에 배어 있는 습관에 연결시켜서 쌓아올리는 방식으로 잘 활용해보자.

일상적인 습관의 예시

- 샤워하기
- 양치질하기
- 옷 입기
- 차나 커피 끓이기

- 고양이 먹이 주기
- 반려견과 함께 산책하기
- 운전해서 출근하기
- 점심 먹기
- 저녁 먹기
- 식기세척기 사용 후 그릇 정리하기
- 뉴스 보기
- 세수하기
- 잠옷으로 갈아입기
- 책 읽기
- 불 끄기

습관을 쌓는 법

어떤 습관을 만들고 싶은지 하나 정해보자. '요가 하기'처럼 막연한 바람이 아니라 '태양 경배 자세 세 번 하기'처럼 구체적인 행동이어야 한다. 그런 다음, 매일 하고 있는 습관 가운데 어떤 것과 연결시킬 수 있을지 생각해보자.

예를 들어, 감사 일기를 쓰는 습관을 들이고 싶다면 매일 잠옷으로 갈아입은 직후에 일기를 쓰겠다고 결심한다. 그러면 언제, 어디서 해야 하는지 생각할 필요가 없다. 이미 일상적인 루틴으로 자리 잡은 '잠옷 갈아입기'라는 습관 뒤에 자연스럽게 덧붙이면 되니까 말이다. 이 일상 속 습관과 일기 쓰기를 연결시키는 건 특히 잘 맞아떨어지는데, 그 시간이 되면 그날 하루를 돌아보며 쓸 수 있고 침대 옆 탁자에 일기장을 놓아둘 수도 있기 때문이다.

또 다른 예로 명상을 하고 싶다면, 언제 하고 싶은지 생각해보자. 여기서 '해야 하는'이 아니라 '하고 싶은'이라고 말한 이유는 의무감보다는 스스로 하려는 의지가 있어야 꾸준히 실천할 가능성이 훨씬 높기 때문이다. 하루를 기분 좋게 시작하기 위해 아침에 일어나자마자 하고 싶은가? 아니면 기분을 환기하기 위해 점심시간에 하고 싶은가? 아니면 긴장을 푸는 루틴의 일환으로 저녁에 하고 싶은가?

명상할 시간을 정했으면 평소 그 시간에 매일 하는 행동을 하나 골라서 명상과 연결시키자. 아침에 명상하고 싶다면 모닝커피를 마신 후 명상을 하겠다고 정해두는 것도 좋은 방법이다.

습관 샌드위치 만들기

습관을 쌓는다는 것은 곧 X라는 원래 매일 하던 행동을 한 뒤에 Y라는 새로운 행동을 하겠다는, 기존 습관 뒤에 새로운 습관을 붙이는 방식이다. 이를 평소 루틴에 더 확실하게 연결시키려면 습관 샌드위치를 만드는 방법도 있다. 새로운 행동이 샌드위치 가운데에 들어가는 속재료가 되는 것이다.

- X를 마친 뒤 Z를 하기 전에 '새로운' Y를 한다.

예를 들면, '아이들을 학교에 데려다주고 출근하기 전에 10분간 마음챙김 산책을 한다'와 같은 식이다. 다른 표현 방식도 가능하다.

- X를 마치고 '새로운' Y를 한 다음 Z를 한다.

예를 들면 '집에 가려고 차에 올라타서 천천히 열 번 심호흡을 한 다음 엔진 시동을 건다'와 같은 식이다.

일상 루틴 위에 습관 쌓기

어떤 습관(혹은 행동)은 하루에 여러 번 반복된다. 예를 들어, 화장실을 사용하는 것, 손을 씻는 것 등이 그렇다. 이런 반복적인 행동에 새로운 습관을 덧붙이면 하루에도 여러 번 자연스럽게 실천할 수 있다. 예를 들어, 어깨를 자주 풀어주는 스트레칭 습관을 들이고 싶다면 이렇게 습관을 연결시켜보자. "손을 씻은 뒤에는 반드시 어깨 운동을 다섯 번 한다."

원포인트업 습관 쌓기

이 책에 담긴 포인트들을 습관 쌓기를 통해 규칙적인 습관으로 만드는 방법을 알아보자.

- 아침에 양치하면서 오늘의 만트라를 정한다.
- 집에 돌아오면 저녁 준비를 시작하기 전에 10분 동안 아늑한 나만의 공간에 앉아 시간을 보낸다.
- 일을 마치면 외투를 입고 퇴근하기 전에 2분간 '내가 해낸 모든 일' 목록을 작성한다.
- 점심을 먹은 뒤 마음챙김 산책을 한다.
- 밤에 반려견과 산책할 때 심호흡을 천천히 5번 한다.
- 책상에 앉아 컴퓨터를 켜기 전에 긍정 확언을 되뇐다.
- 저녁을 먹고 설거지를 하기 전에 다음 날 점심을 만든다.
- 침대에서 일어나기 전에 그날 기대되는 일 다섯 가지를 말한다.
- 잠자리에 들기 전에 10분간 명상한다.
- 그릇을 식기세척기에 넣은 다음 감사 일기를 쓴다.

자신에게 관대해지기

이 책에서 살펴본 다른 모든 포인트와 마찬가지로, 새로운 습관을 들이려고 할 때도 자신에게 관대해야 한다. 처음부터 하루도 빼놓지 않고 매일 완벽하게 해내기란 거의 불가능하다. 어떤 날은 잊기도 하고, 어떤 날은 건너뛰기도 할 것이다. 그래도 괜찮다. 그런다고 해서 습관 형성이 아예 불가능한 건 아니다. 시냅스가 연결되기까지 좀 더 자주 활성화시키면 된다. 주저하지 말고 계속 시도하자!

한 문장 PICK UP

습관을 쌓으면 자연스럽게 실천으로 이어진다.

다음 할 일

이 책의 31가지 포인트를 모두 마쳤다. 그럼 다음 단계는 무엇일까?

서문에서도 썼듯이 여기서 나눈 아이디어를 비롯해 세상 그 무엇도 당신의 삶을 엄청나게 빛나고 완벽하게, 또 쉽게 만들어주지는 않는다. 그러한 마법 같은 방법은 세상에 존재하지 않고, 누구의 삶도 그렇게 완벽하지 않기 때문이다. 아마 모든 포인트가 당신에게 꼭 맞지는 않았을 수도 있는데 그래도 상관없다.

우리는 종종 더 멀리 나아가야 한다는 조급함, 다음 과제를 끝내야 한다는 압박, 다음 목표를 향한 열망 속에서 이미 이룬 진전을 무시하거나 쉽게 잊어버리곤 한다. 이런 현상을 가리

키는 '목적지 중독'이란 심리학 용어까지 있을 정도다.[1]

그러니 이쯤에서 당신이 지금까지 시도해보면서 거둔 모든 작은 변화를 인정하고 축하하는 시간을 갖도록 하자.

소개한 아이디어를 전부 시도했든 아니면 일부만 시도했든, 딱 한 달만 해봤든 아니면 그 이상 오래했든 무엇보다 중요한 건 당신이 직접 '시도해봤다'는 사실이다.

당신은 열린 마음으로 새로운 사고방식과 행동을 시도했고, 자신에게 효과가 있는 방법과 삶의 질을 실제로 바꿔줄 방법을 찾아 일상을 조금씩 변화시켰다.

당신이 얻은 것

각 포인트를 진행하는 동안 부담스럽거나 불편한 순간도 있었고, 머릿속에 번쩍 전구가 켜진 듯한 깨달음을 얻은 순간도 있었을 것이다. 그러면서 이 책을 처음 펼쳤을 때 예상했던 것보다 자신에 관해 더 많이 알게 됐을 것이다. 마음챙김, 명상, 자기 연민, 다른 사람에게 친절 베풀기, 경계 설정, 인지행동치료, 자유롭게 글쓰기 등 많은 것들을 배웠다. 그리고 스스로도 몰랐던 내면의 힘과 지혜를 발견하게 됐다.

당신은 하루의 1퍼센트인 10분이라는 시간이 얼마나 긴지 혹은 짧은지 그리고 그 시간 동안 얼마나 많은 일을 이룰 수 있는지 알게 됐다. 자신의 기분을 바꾸고, 부담을 덜고, 관계를 강화하고, 자신감과 자기 신뢰를 키우고, 시간을 절약하고, 마음을 진정시키면서 힘을 북돋는 방법도 배웠다.

그리고 지금, 그 모든 결실을 누리는 중이다.

이제 나아갈 방향

어떤 포인트든 시도해봤던 포인트들을 돌아보고, 그 과정에서 남긴 기록을 다시 한번 검토해보자. 책 서문에 나온 질문들을 참고하면 된다. '기록 일지'의 체크리스트로 돌아가서 어떤 포인트가 마음에 들어서 다시 해보고 싶은지, 다시 시도하기 전에 개선이 필요한 포인트는 무엇인지 확인하자.

- 어떤 포인트를 가장 즐겼는가?
- 힘들었던 건 무엇인가?
- 이 포인트들을 통해 삶의 질을 높여줄 만한 어떤 새로운 아이디어가 떠올랐는가?

계속 해나가기

지금까지의 모든 노력과 경험들을 발판 삼아 계속 이어가보자. 이후로도 포인트들을 반복해서 진행해나갈 수 있는 아이디어 몇 가지를 소개한다.

- '반복'에 표시해둔 포인트를 모두 반복한다.
- '개선 후 다시 시도' 목록을 살펴보고 활동 방식을 자신에게 맞게 다듬는다.
- 짝수 번호가 매겨진 포인트만 시도한다.
- 홀수 번호가 매겨진 포인트만 시도한다.
- 목차의 끝에서부터 역순으로 진행한다.
- 친구와 협력해 다양한 포인트를 함께해본다.
- 포인트 1, 9, 30처럼 나만의 아늑한 공간(포인트 23)에서 진행할 수 있는 포인트를 선택한다.
- 사람들 비위를 맞추려고 하는 자신의 성향에 맞서고 싶다면 포인트 4, 13, 29를 시도한다.
- 남과 자신을 비교하는 함정에 빠지지 않으려면 포인트 11, 19, 28을 시도한다
- 차분한 기분을 느끼고 싶다면 포인트 6, 14, 25를 시도한다.
- 자신감을 키우고 싶다면 포인트 8, 16, 24를 시도한다.

이제 앞으로 무엇을 어떻게 하고 싶은지 알았으니 그걸 어떤 식으로 해볼지 생각한다. 즉, 언제, 어디서, 어떻게 실행에 옮길지 정하자.

무엇보다 중요한 건 당신에게 맞는 방법을 찾는 것인데 연습과 탐구, 시도, 개선을 통해 가능하다는 걸 기억하자.

반복이 변화를 만든다

이 책의 아이디어와 도구를 반복해서 실행에 옮겨야만 정신적·정서적·신체적 이점을 누릴 수 있다. 딱 한 번의 실행으로 인생에서 의미 있고 지속적이며 긍정적인 변화를 가져오는 방법은 없다. 자신의 경계를 지키고, 지금 이 순간을 음미하고, 즐겁게 놀고, 자신이 통제할 수 있는 것에 집중하고, 마음챙김 산책을 하라. 그리고 이를 반복해서 실천하는 게 무엇보다 중요하다.

이제 당신은 하루에 1퍼센트의 시간만 투자해 삶에 강력한 변화를 일으키는, 당신만의 맞춤형 성장 키트를 구비하게 됐다. 축하한다!

감사의 말

내가 던진 수백만 가지 질문에 답하면서 책을 쓰는 내내 도움을 준 편집자 베스 비숍에게 감사한다. 오래전 내 창의력에 다시 불을 붙이고 무작정 시도해보라고 격려해준 커스티에게도 정말 고맙다고 말하고 싶다. 내가 바랄 수 있는 최고의 응원단인 캐런과 사라에게도 감사한다. 이 책이 나온다는 소식에 나와 함께 팔짝팔짝 뛰면서 기뻐 날뛰었던 나의 사랑스러운 친구들, 정말 고마워!

나를 위해 기뻐해준 어머니와 형제자매들 그리고 시댁 식구들에게 감사한다. 지금은 이모가 뭘 하는지 신경도 안 쓰지만 언젠가 이 책을 읽을지도 모르는 조카들에게도 인사를 전한다. 내 가장 친한 친구이자 소울메이트이자 남편인 콜에게도 무한한 감사의 마음을 전하고 싶다. 나조차도 나를 믿지 못해서 힘들었던 그 시간 동안 그의 변함없는 믿음이 날 지탱해 줬다. 그리고 마감일에 상관없이 놀이 시간과 산책을 고집하는 우리 강아지 베일리도 빼놓을 수 없다.

무엇보다 이 책을 선택하고 열린 마음으로 기꺼이 시도해 준 사랑하는 독자들께 감사드린다. 이 책을 읽고 연습한 것이 미래의 당신에게 틀림없이 도움이 될 것이다. 그리고 내 글을 읽거나, 강연을 듣거나, 강좌를 수강하거나, 워크숍에 참석하거나, 내 코칭을 받았던 모든 분들에게도 감사한다. 이 책을 쓰기까지의 여정에 이들이 나와 함께해줬다.

그리고 아버지, 제가 드디어 책을 냈어요!

서문

1   Allen, E. (2014). *Sir Dave Brailsford at British Cycling-A career retrospective*. [online] Available at: https://www.britishcycling.org.uk/gbcyclingteam/article/gbr20140411-British-Cycling—The-Brailsfrd-years-0 [Accessed 18 January 2023].

2   Slater, M. (2008). *How GB cycling went from tragic to magic*. [online] Available at: http://news.bbc.co.uk/sport1/hi/olympics/cycling/7534073.stm [Accessed 18 January 2023].

3   Fordyce, T. (2017). *Tour de France 2017: Is Chris Froom Britain's least loved great sportsman?* [online] Available at: https://www.bbc.co.uk/sport/cycling/40692045 [Accessed 18 January 2023].

4   Lewis, T. (2019). *Golden aura around marginal gains is beginning to look a little tarnished*. [online] Available at: https://www.theguardian.com/sport/blog/2019/oct/20/marginal-gains-tarnished-bradley-wiggins-dave-brailsford [Accessed 18 January 2023].

5   Harrell, E. (2015). *How 1% performance improvements led to Olympic gold*. [online] Available at: https://hbr.org/2015/10/how-1-performance-improvements-led-to-olympic-gold [Accessed 18 January 2023].

6   Clear, J. (2018). *Atomic Habits*. Random House.

7   Fordyce, T. (2012). *Win puts Wiggins among Olympic greats*. [online] Available at: https://www.bbc.co.uk/blogs/tomfordyce/2012/07/wiggins_tour_win_ranks_among_b.html [Accessed 18 January 2023].

8   Bergland, C. (2018). *Is the perfectionism plague taking a psychological toll?* [online] Available at: https://www.psychologytoday.com/gb/blog/the-athletes-way/201801/is-the-perfectionism-plague-taking-psychological-toll [Accessed 12 June 2023].

9   Dr Seuss. (1990). *Oh, the Places You'll Go!*, HarperCollins.

2   스스로에게 가장 친한 친구 되어주기

1   Neff, K. (2023). Self-compassion theory, method, research and intervention. *Annual Review of Psychology, 74*, 193-218.

2   Neff, K. (2003). Self-compassion: An alternative conceptualisation of a healthy attitude toward oneself. *Self and Identity, 2*, 85-101.

3   휴대폰으로 기분 부스터 만들기

1   Bhattacharaya, S., Bahar, M., & Singh, A. (2019). NOMOPHOBIA: NO Mobile Phone phobia. *Journal of Family Medicine and Primary Care, 8*(4), 1297-1300.

2   Hennessy, S., Sachs, M., Kaplan, J., & Habibi, A. (2021). Music and mood regulation during the early stages of the COVID-19 pandemic. *PLoS ONE, 16*(10), 1-17.

4   경계 설정하기

1   American Psychological Association. [online] Available at: https://dictionary.apa.org/boundary [Accessed 20 March 2023].

2   Therapist Aid. (2016). [online] Available at: https://uhs.berkeley.edu/sites/default/files/relationships_personal_boundaries.pdf [Accessed

20 March 2023].

5 멋진 미래 상상하기
1   Sheldon, K. M. & Lyubomirsky, S. (2006). How to increase and sustain positive emotion: The effects of expressing gratitude and visualising best possible selves. *The Journal of Positive Psychology, 1*(2), 73-82.
2   King, L. A. (2001). The health benefits of writing about life goals. *Personality and Social Psychology Bulletin, 27*(7), 798-807.

6 깊고 느리게 숨쉬기
1   Stone, L. (2011). *Just breathe: Building the case for email apnea.* [online] Available at: https://www.huffpost.com/entry/just-breathe-building-the_b_85651 [Accessed 1 February 2023].
2   American Psychological Association. (2018). *Stress effects on the body*. [online] Available at: https://www.apa.org/topics/stress/body [Accessed 1 February 2023].
3   Williams, C. (2020). *How to breathe your way to better memory and sleep*. [online] Available at: https://www.newscientist.com/article/mg24532640-600-how-to-breathe-your-way-to-better-memory-and-sleep/ [Accessed 1 February 2023].
4   Chen, Y., Huang, X., Chien, C., & Cheng, J. (2016). The effectiveness of diaphragmatic breathing relaxation training for reducing anxiety. *Perspectives in Psychiatric Care, 53*(4), 329-336.

7 무작위로 친절 베풀기
1   Dunn, E., Aknin.L., & Norton, M. (2008). Spending money on others promotes happiness. *Science, 319*, 1687-1688.
2   Lyubomirky, S. & Della Porta, M. (2010). *Boosting happiness and buttressing resilience*. [online] Available at: http://sonjalyubomirsky.com/wp-content/themes/sonjalyubomirsky/papers/LDinpressb.pdf [Accessed 24 April 2023].
3   Otake, K., Shimai, S., Tanaka-Matsu, J., & Fredrickson, B. (2006). Happy people become happier through kindness: A counting kindness

intervention. *Journal of Happiness Studies, 7*(3), 361-375.

4   Nook, E., Ong, D., Morelli, S., Mitchell, J., & Zaki, J. (2016). Prosocial conformity: Prosocial norms generalize across behavior and empathy. *Personality and Social Psychology Bulleting, 42*(8),1045-1062.

8   통제 가능한 것 찾기

1   Covey, S. (1989). *The 7 Habits of Highly Effective People*. Simon & Schuster.

9   마음이 자유롭게 흐르도록 놔두기

1   Hatano, A., Ogulmus, C., Shigemasu, H., & Murayama, K. (2022). Thinking about thinking: People underestimate how enjoyable and engaging waiting is. *Journal of Experimental Psychology: General*, 1-17.

2   Baird, B., Smallwood, J., Mrazek, M., Kam, J., Franklin, M., & Schooler, J. (2012). Inspired by distraction: Mind wandering facilitates creative incubation. *Psychological Science, 23*(10), 1059-1271.

11   감사 일기 쓰기

1   Holden, R. (2011). *What is destination addiction?* [online] Available at: https://www.robertholden.com/blog/what-is-destination-addiction/ [Accessed 7 April 2023].

2   Emmons, R. (2013). *Gratitude Works!* A 21 Day Program for Creating Emotional Prosperity. Jossey-Bass.

3   Brickman, P., Coates, D., & Janoff-Bulman, R. (1978). Lottery winners and accident victims: Is happiness relative? *Journal of Personality and Social Psychology, 36*(8), 917-927.

4   Vaish, A., Grossmann, T., & Woodward, A. (2008). Not all emotions are created equal: the negativity bias in social-emotional development. *Psychological Bulletin, 134*(3), 383-403.

5   Hanson, R. *Take in the good*. [online] Available at: https://www.rickhanson.net/take-in-the-good [Accessed 7 April 2023].

6   Fredrickson, B., Tugade, M., Waugh, C., & Larkin, G. (2003). What good

are positive emotions in crises? A prospective study of resilience and emotions following the terrorist attacks on the United States on September 11th. *Journal of Personality and Social Psychology, 84*(2), 365-376.

7 Emmons, R. & McCullough, M. (2003). Counting Blessings Versus Burdens: An Experimental Investigation of Gratitude and Subjective Well-Being in Daily Life. *Journal of Personality and Social Psychology, 84*(2), 377-389.

8 Keita, U., Takuya, I., Takahiro, Y. & Kuniyoshi, L. (2021). Paper Notebooks vs. Mobile Devices: Brain Activation Differences During Memory Retrieval. *Frontiers in Behavioral Neuroscience*, Vol. 15, 1-11.

12 명상하기

1 Nash, J. (2019). *The history of meditation: Its origins and timeline*. [online] Available at: https://positivepsychology.com/history-of-meditation/ [Accessed 17 March 2023].

2 Goldin, P. & Gross, J. (2010). Effects of mindfulness-based stress reduction (MBSR) on emotion regulation in social anxiety disorder. *Emotion, 10*(1), 83-91.

3 Kabat-Zinn, J., Massion, A., Kristeller, J., Peterson, L., Fletcher, K., Pbert, L., Lenderking, W. & Santorelli, S. (1992). Effectiveness of a meditation-based stress reduction program in the treatment of anxiety disorders. *American Journal of Psychiatry, 149*(7), 936-943.

4 Rusch, H., Rosario, M., Levison, L., Olivera, A., Livingston, W., Wu, T., & Jessica M. (2019). The effect of mindfulness meditation on sleep quality: A systematic review and meta-analysis of randomized controlled trials. *Annals of the New York Academy of Sciences, 1445*(1), 5-16.

5 Zeidan, F., Johnson, S., Diamond, B., David, Z., & Goolkasian, P. (2010). Mindfulness meditation improves cognition: Evidence of brief mental training. *Consciousness and cognition, 19*(2), 597-605.

14 마음챙김 산책하기

1 Gotink, R., Hermans, K., Geschwind, N., De Nooij, R., De Groot, W., & Speckens, A. (2016). Mindfulness and mood stimulate each other in an upward spiral: a mindful walking intervention using experience sampling. *Mindfulness, 7*, 1114-1122.

2 Teut, M., Roesner, E., Ortiz, M., Reese, F., Binting. S., Roll. S., Fischer, H., Michalsen, A., Willich, S., & Brinkhaus, B. (2013). Mindful walking in psychologically distressed individuals: A randomized controlled trial. *Evidence-Based Complementary and Alternative Medicine, 13, 1-7.*

16 나만의 응원단 만들기

1 Walker, T. (2014). *Maya Angelou dies: 'You may encounter many defeats, but you must not be defeated'.* [online] Available at: https://www.independent.co.uk/news/people/maya-angelou-dies-you-may-encounter-many-defeats-but-you-must-not-be-defeated-9449234.html [Accessed 17 March 2023].

2 Marley, R. (1977). *Three Little Birds. Island Records.*

3 Jobs, S. (2005). Commencement address. Stanford University.

4 Hussain, N. (2015). *The Great British Bake Off.* Love Productions.

17 걱정 시간 정해두기

1 McGowan, S., K. & Behar, E. (2013). A preliminary investigation of stimulus control training for worry: Effects on anxiety and insomnia. *Behavior Modification 37*(1), 90-112.

18 주변 사람에게 관심 기울이기

1 Brown, B. (2010). *The Gifts of Imperfection: Let go of who you think you're supposed to be and embrace who you are.* Hazelden.

2 Umberson, D. & Montez, J. (2010). Social relationships and health: A flashpoint for health policy. *Journal of Health and Social Behavior, 51*(S), S54-S66.

3 Przybylski, A. & Weinstein, N. (2013). Can you connect with me now? How the presence of mobile communication technology influences

face to face conversation quality. *Journal of Social and Personal Relationships, 30*(3), 237-246.

4   Uvnas-Moberg, K., Handlin, L., & Petersson, M. (2015). Self-soothing behaviors with particular reference to oxytocin release induced by non-noxious sensory stimulation. *Frontiers in Psychology, 5*(1), 1-16.

19 음미하고 즐기기

1   Bryant, F. (2003). Savoring Beliefs Inventory (SBI): A scale for measuring beliefs about savouring. *Journal of Mental Health, 12*(2), 175-196.

2   Jose, P., Lim, B., & Bryan, T. (2012). Does savoring increase happiness? A daily diary study. *The Journal of Positive Psychology, 7*(3), 176-187.

3   Quoidbach, J., Dunn, E., Petrides, K., & Mikolajczak, M. (2010). Money giveth, money taketh away: The dual effect of wealth on happiness. *Psychological Science, 21*(6), 759-763.

20 과거에서 내면의 힘 발견하기

1   Glass, O., Dreusicke, M., Evans, J., Bechard, E., & Wolever, R. (2019). Expressive writing to improve resilience to trauma: A clinical feasibility trial. *Complementary Therapies in Clinical Practice, 34*, 240-246.

21 재미있게 놀기

1   Brown, S. (2010). *Play: How it shapes the brain, opens the imagination and invigorates the soul*. Penguin.

2   Proyer, R. (2013). The well-being of playful adults: Adult playfulness, subjective well-being, physical well-being and the pursuit of enjoyable activities. *European Journal of Humour Research, 1*(1), 84-98.

3   Magnuson, C. & Barnett, A. (2013). The playful advantage: How playfulness enhances coping with stress. *Leisure Sciences, 35*(2), 129-144.

24 긍정 확언 만들기

1 Dictionary.com. *Mantra*. [online] Available at: https://www.dictionary.com/browse/mantra [Accessed 17 March 2023].

2 Dictionary.com. *Affirmation*. [online] Available at: https://www.dictionary.com/browse/affirmation [Accessed 17 March 2023].

25 미래의 나를 위한 결정하기

1 Wansink, B. & Sobal, J. (2007). Mindless eating: The 200 daily food decisions we overlook. *Environment and Behavior, 39*(1), 106-123.

2 Iyengar, S. & Lepper, M. (2000). When choice is demotivating: Can one desire too much of a good thing? *Journal of Personality and Social Psychology, 79*(6), 995-1006.

3 Lewis, M. (2012). *Obama's Way*. [online] Available at: https://www.vanityfair.com/news/2012/10/michael-lewis-profile-barack-obama [Accessed 24 April 2023].

26 수면 루틴 만들기

1 Hirshkowitz, M., Whiton, K., Albert, S. M., Alessi, C., Bruni, O., DonCarlos, L., Hazen, N., Herman, J., Katz, E. S., Kheirandish-Gozal, L., Neubauer, D. N., O'Donnell, A. E., Ohayon, M., Peever, J., Rawding, R., Sachdeva, R. C., Setters, B., V itiello, M. V., Ware, J. C., & Adams Hillard, P. J. (2015). National Sleep Foundation's sleep time duration recommendations: methodology and results summary. *Sleep health, 1*(1), 40-43.

2 Medic, G., Wille, M., & Hemels, M.E. (2017). Short-and long-term health consequences of sleep disruption. *Nature and Science of Sleep, 9*, 151-161.

3 Yuhas, P. (2019). *Blue light isn' the main source of eye fatigue and sleep loss-it' your computer*. [online] Available at: https://theconversation.com/blue-light-snt-the-main-source-of-eye-fatigue-and-sleep-loss-its-your-computer-124235 [Accessed 1 February 2023].

4 Newsom, R. & Singh, A. (2023). *How blue light affects sleep*.

[online] Available at: https://www.sleepfoundation.org/bedroom-environment/blue-light [Accessed 1 February 2023].

5 Haghayayegh, S., Khoshnevis, S., Smolensky, M., H., Diller, K., R., & Castriotta, R., I. (2019). Before-bedtime passive body heating by warm shower or bath to improve sleep: A systematic review and meta-analysis. *Sleep Medicine Reviews, 46*, 124-135.

27 '내가 해낸 모든 일' 목록 만들기

1 Grove-White, E. (2019). *Rapt: Attention and the focused life, by Winifred Gallagher.* [online] Available at: https://www.theglobeandmail.com/arts/books-and-media/rapt-attention-and-the-focused-life-by-winifred-gallagher/article4280295/ [Accessed 24 April 2023].

28 보이지 않는 보호복 마련하기

1 Trenton, N. (2020). *The Empath Self-Care Blueprint: How to Manage, Navigate, and Thrive in an Overwhelming World*. PKCS Media, Inc.

30 자유롭게 끄적여보기

1 Cameron, J. (1994). *The Artist' Way*. Souvenir Press Ltd.

31 습관 만들기

1 Fogg, B. *Find a good spot in your life*. [online] Available at: https://tinyhabits.com/good-spot/ [Accessed 17 March 2023].

다음 할 일

1 Holden, R. (2011). *What is destination addiction?* [online] Available at: https://www.robertholden.com/blog/what-is-destination-addiction/ [Accessed 7 April 2023].

역자 박선령

세종대학교 영어영문학과를 졸업하고 MBC방송문화원 영상번역과정을 수료하였다. 현재 번역 에이전시 엔터스코리아에서 출판기획 및 전문 번역가로 활동하고 있다. 주요 역서로는 《타이탄의 도구들(리커버 에디션)》, 《하루 한 장 마음챙김 긍정확언 필사집》, 《다크 넛지》, 《북유럽 신화》 등이 있다.

하루 10분, 삶을 바꾸는 아주 작은 변화

원포인트업

초판 1쇄 발행 2025년 12월 29일

지은이 가브리엘 트리너
옮긴이 박선령
펴낸이 성의현
펴낸곳 미래의창

주간 김성옥
편집장 정보라
책임편집 정보라·윤현아
마케팅 권장규·정명진·이건효

출판 신고 제2019-000291호
주소 서울시 마포구 잔다리로 62-1 미래의창빌딩(서교동 376-15, 5층)
전화 070-8693-1719 **팩스** 0507-1301-1585
홈페이지 www.miraebook.co.kr
ISBN 979-11-24073-07-0 03190

※ 책값은 뒤표지에 있습니다.

생각이 글이 되고, 글이 책이 되는 놀라운 경험. 미래의창과 함께라면 가능합니다.
책을 통해 여러분의 생각과 아이디어를 더 많은 사람들과 공유하시기 바랍니다.
투고메일 togo@miraebook.co.kr (홈페이지와 블로그에서 양식을 다운로드하세요)
제휴 및 기타 문의 ask@miraebook.co.kr